# REGGAETÓN RELIGIÓN

Obra editada en colaboración con Editorial Planeta – Chile



Ilustraciones: Irma Sepúlveda @irmmmmmmma
Diseño: Isabel de la Fuente


Bajo el sello editorial PLANETA M.R.
Avenida Presidente Masarik núm. 111,
Piso 2, Polanco V Sección, Miguel Hidalgo
C.P. 11560, Ciudad de México
www.planetadelibros.com.mx

Primera edición impresa en Chile: octubre de 2024
ISBN: 978-956-408-636-1

Primera edición impresa en México: octubre de 2024
ISBN: 978-607-39-2203-6



Impreso en los talleres de Litográfica Ingramex, S.A. de C.V.
Centeno núm. 162-1, colonia Granjas Esmeralda, Ciudad de México
Impreso en México – *Printed in Mexico*

CAMILA GUTIÉRREZ

# REGGAETÓN RELIGIÓN

Las historias y las estrellas del género más caliente del siglo XXI

Planeta

# ÍNDICE

*Zúmbale, mambo,*
*pa' que mis gatas prendan los motores*

DADDY YANKEE, "Gasolina"

# INTRO

Hubo días en los que no sentíamos angustia cuando algún cantante anunciaba un concierto. No teníamos que agazaparnos en varias ventanas incógnitas del navegador para hacer una fila virtual, gracias a la que quedaríamos en el puesto 9.484.045.283, deseándoles la muerte a quienes estuvieran antes que nosotros y que luego pondrán en sus *stories*: "Lista con mi entrada para…". Por esos días, comprábamos las entradas de manera calma y solo se nos agitaba el corazón si éramos fanáticas durísimas necesitando acampar afuera de algún estadio para lograr estar lo más adelante posible.

En aquel tiempo Bad Bunny no era ni (tan) omnipresente ni billonario y el 4 de septiembre del 2019 —esta exactitud es necesaria— lo acompañó un tecladista, mientras en la pantalla de fondo aparecían emojis o videojuegos. No había bailarines ni bailarinas haciendo coreografías espectaculares ni palmeras flotantes que lo desplazaran por el aire. Y aunque Bad Bunny no era (tan) omnipotente, esa noche dijo que venía a traer la "Nueva Religión". ¿No será mucho?, pensé, mientras hacía lo único que puede hacer alguien que mide menos de un metro sesenta en un concierto estando en cancha: mirar la pantalla, que entonces mostraba el ojo que aparece en la portada del disco *X100pre*. La "Nueva Religión", apunté en las notas de mi celular.

Al escribir esto, corroboro buscando en YouTube "Concierto 2019 Movistar Arena Santiago".

La frase exacta es: "Mientras el mundo se divide, nosotros somos uno solo esta noche. Todos somos la Nueva Religión".

*

Recién no pude alcanzar una entrada y eso que estuve vorazmente puntual en la página de PuntoTicket. O tal vez fue la mímica de una esperanza que no tenía. Por mucho que sean dos fechas en un espacio que da para sesenta y cinco mil personas cada día, Bad Bunny ahora sí que sí es omnipresente —y no hace falta decirlo, pero lo digo—: la pospandemia tiene voraz a todo el mundo.

Una persona que apenas conozco me ofreció una salvación. Me voy a Paraguay a verlo, me dice. Las entradas están baratas y todavía quedan. Gracias, respondí, y al tiempo que convencí a un grupito de ir, me convencí a mí misma de que, aunque fuera a dilapidar mis arcas, era una inversión. También están quienes lo ven como una inversión de las de verdad y venden más de cinco mil entradas; el único "pero" es que son falsas. En Perú la inversión fue mayor. La banda de los QR, liderada por Pamela Cabanillas, *aka* "Mommy Yankee", vendió más de cien mil dólares en entradas falsas entre los conciertos de Daddy Yankee y Bad Bunny. En Argentina, una agencia de viajes armó paquetes turísticos concierto-pasajes y en los diarios paraguayos contaban que más de mil bolivianos habían cruzado la frontera para ir a ver a BB. Todo eso me deprime un poco: ¿no se supone que en Chile somos los que más escuchan reggaetón? Por algo tuvimos nuestro propio caos cuando una estampida de gente sin entrada ingresó al estadio a ver a Daddy Yankee y el mismísimo Spotify nos regaló una estatua de Daddy porque éramos —somos— los que más oyentes le dan en todo Latinoamérica.

Un Uber paraguayo me salva. No sé de qué vamos hablando para que llegue a decirme que los que más tomamos trago somos los peruanos y los chilenos, volviendo a encender ese fueguito orgulloso que da tener un récord de lo que sea. Cumplo con mi destino: llego no tan sobria al estadio "La Nueva Olla" y ahora sí que hay show-show y Bad Bunny está en esa palmera flotante porque el disco se llama *Un verano sin ti*, un nombre triste y tropical.

Esta vez no dice nada de la "Nueva Religión" porque ya empieza a estar claro su mensaje: Latinoamérica puede conquistar el mundo, no se necesita hacer canciones en inglés para ser escuchado. Pasado poquito tiempo de la gira de *Un verano sin ti*, Bad Bunny nos emociona al cantar en el escenario de los Grammy:

> Ahora todos quieren ser latinos,
> pero les falta sazón, batería y reggaetón.

Esos versos, parafraseo de otros de Tego Calderón, son la gloria en un trayecto difícil que podría tener su comienzo en 1985, en Ciudad de Panamá, con el primer *reggae* en español, "La chica de los ojos café", de Renato:

> Mami, juro que nuestro destino
> será construir un mundo latino.

Y a ese destino ayudan El General, Glory, el mismo Tego, Héctor el Father, Vico C, DJ Negro, DJ Playero, Luny Tunes, Lorna, Daddy Yankee, Nicky Jam, Don Omar, Ivy Queen, Wisin y Yandel, Arcángel, Plan B, Zion y Lennox, J Balvin, Sech, Karol G, Rosalía, Tokischa, Cris MJ, Rauw Alejandro, Pablo Chill-E, María Becerra, Bizarrap, Young Miko, Feid, Tainy, por supuesto que Bad Bunny y un eterno etcétera que cada quien puede completar mentalmente y luego volver a ese escenario de los Grammy para escuchar: "Me gusta la chocha de Puerto Rico".

*

Mientras escribo esto, Bad Bunny es el artista latino más reproducido en Spotify, aunque perdió cierta aura. Sé que todas tenemos teorías de por qué, pero este párrafo no es el momento. Además, puede que terminado el libro las recupere, o incluso mañana. Quien tiene el aura hoy es Karol G. Esto puede significar dos cosas: que yo me demoro mucho escribiendo y que la vida va rápido. Por ejemplo, Rauw Alejandro y Rosalía no eran pareja cuando tuve la idea del libro, ya eran pareja cuando empecé, dejaron de ser pareja mientras le ponía el punto final a un capítulo sobre ellos —esto no es un decir, fue TAL CUAL EL PUNTO FINAL—, Rauw sacó una canción de dolor para Rosalía y Rosalía tiene algo así como novio nuevo.

Cuando empecé, Karol G estaba con Anuel y ahora está con Feid; y Anuel estuvo con Yailin, la más viral, y ahora con otra chiquilla y así. Esto significa otra cosa: el amor va y viene rápido, pero el Género sí que es veloz.

Cuando empecé, Feid no era así de importante, Young Miko era tatuadora, Daddy Yankee no había anunciado retiro, J Balvin tenía el aura, Bizarrap recién empezaba y Chile todavía no explotaba con gente como Cris MJ que acaba de pasar a Ozuna en oyentes mensuales en Spotify. La gracia la tiene el mismo Spotify y toda gracia tiene su reverso. Bad Bunny lo resume así: "Si no fuera por las redes sociales, no estaría aquí", y su reverso es: "Ahora compito con un millón de personas".

El arte del mundo anterior a las redes —el mundo análogo— se queja de que la música ahora puede ser difundida por todos lados, pero de nuevo: gracia y reverso. Antes, si lo lograbas, lo lograbas, y cuando lanzabas un disco competías con unos tres o cuatro del mismo género. Además, hay algo que Bad Bunny no dice en la entrevista: las redes sociales también te pueden hacer perder el aura. Un ejemplo es él mismo. Es enero, 2023. Vivimos bajo el signo de "Yonaguni", donde BB canta:

> Y empezar el 2023 bien cabrón
> contigo y un *blunt.*
> Tú te ves asesina con ese Mahón,
> me matas sin un pistolón.

Es un consuelo precioso porque la canción sale el 2021, liberándonos de la angustia de partir perfecto el 2022 y regalándonos un año más para que la vida se ponga gentil. El problema es cuando el 2023 comenzó a acercarse. ¿No se podrá empezar el 2026 bien cabrón?, leo en Twitter (X), pero a todos nos sobreviene el 2023, también a Bad Bunny.

Justo la noche después de Año Nuevo, Bad Bunny camina por La Romana, República Dominicana, vistiendo un traje delgadito color beige y pañuelo blanco en la cabeza, cuando una fan lo atosiga con el celular y le impone una selfi para que entonces se desate lo que ya sabemos: BB, bien harto, agarra y arroja el celular de la fan. Al mar, dice el rumor que se transforma en certeza en los comentarios en su Instagram que pertenecen al predecible género literario de "Comentarios a un funado (escrachado/cancelado)":

"Yo siempre supe que...", "Eso les pasa por endiosar a...", el extrañísimo "Por suerte nunca me gustó..." y una seguidilla de insultos que empiezan a contagiarse. Y aunque los números de Bad Bunny no dejan de subir —recién leí que *Un verano sin ti* destronó a *Future Nostalgia* de Dua Lipa como el más escuchado de Spotify—, varios no parecen quererlo como antes.

Toda esta velocidad que intento representar en realidad es una forma de la disculpa. Incluso, a pesar de que escriba rápido, siempre me voy a quedar atrás y cualquier predicción/certeza va a ir desarmándose cada día.

Así que por un rato me olvido del presente y voy hacia uno de los profetas de la "Nueva Religión", tal vez no el primero, pero, quizás, el más grande.

r. Diablo me duele tanta baba.
tú me puedes provocar".
decir que pa' la cama voy.
lo el hotel.
ganas no vamo' a llegar.
esperados
nos vimos que parquear.
pero les falta razón, batería y reggaetón.
era el asiento.
aventura
tumbarme
dije que "no, no, no van a poder".

Estoy brillando con highlighter, no lo ves.
Un clavel en mi melena, no lo ves.
He subido quince stories, no lo ves.
Y un calvo se estaba pelando
Y un sordo me estaba mirando
Despacito
Yo le dije
hacia abajo que se quede ahí envenenao'.

Es una lluvia de alcohol que te empapa.
Una nube de humo que te arrebata.
Sintió un hechizo de sus ojos de gata
que te seducen y en sus garras te atrapan.
Esa es una gata que ha vacilado contigo
y que ha puesto a gatear a todos tus amigos.
contigo y un blunt.
tú te ves asesina
me matas sin un aspirina.
Aburrido del canto del pueblo unido.
Ya hubiera vencido si por mí hubiera sido.
será construir un mundo latino.
Ahora todos
pero les falta
Estoy brillando con highlighter
Un clavel en mi melena
He subido quince stories

Es una lluvia de alcohol que te empapa
una nube de humo que te arrebata.
sintió un hechizo de sus ojos de gata
que te seducen y en sus garras te atrapan.
Esa es una gata que ha vacilado contigo
El cuerpo rozar.
Yo le digo: "tú, tú me puedes provocar".
Eso no quiere decir que pa' la cama voy.
Tengo reservado el hotel,
pero con estas ganas no vamo' a llegar.
Somos dos desesperados
por eso nos vimos que parquear.
nos espera el asiento.
Cuando crezcan mis hijos, que se crien donde me crié
brillando con highlighter, no lo ves.
un clavel en mi melena, no lo ves.
He subido quince stories, no lo ves.
Y un cojo que estaba bailando
Y un ciego que estaba mirando
Y un calvo se estaba peinando
Y te juro que lo he tratado.
Pero es que ninguna sirve para lo que yo quiero.
Desde que te fuiste sigo trastornado.
Escuchando Masterpiece, baby, me siento down.
down, si no tengo de tu piel, down.
hacia abajo. A mí me gusta cuando baja down down
hacia abajo que se quede ahí envenenao'.
hacia abajo. Me dice baby, suena interesante.
Si quieres ven y quédate otro round.
Aquí llegó el maestro.
Llegó Tego Calderón.
Con nosotros los que se.

Tú tienes una linda, yo feas tengo tres: eso en cuatro no se ve.
En cuatro, baby, te agarro por el cuello y te pones sata.
Vamos a hacerlo: una, dos y a las tres ponte en cuatro.
Y darte en cuatro el 4 de julio.
otro round.
un clavel en mi melena, no lo ves.
He subido quince stories, no lo ves.
Hablando claro/tengo un problema.
Aburrío de ver tantos muertos y vivos.
Es que rápido me enchulo de las nenas.
Si me hablan lindo, me caso sin dilema
y me las como, desayuno almuerzo y cena.
Por ti no tengo garabo.

Te juro que lo he tratado.
Pero es que ninguna sirve para lo que yo quiero.
Desde que te fuiste sigo trastornado.
Escuchando Masterpiece, baby, me siento down.
down, si no tengo de tu piel, down.
Sal por la puerta
No vuelvas nunca
Aquí llegó.
Aquí llegó.
Aquí llegó el maestro
Llegó Tego Calderón.
Con nosotros los que se
¿Dónde vas tú con tu juego?
No me vuelvas a decir nene
Yo no soy tuyo ni de nadie
Yo soy solo de mí.
Adidas no me usa, yo estoy usando Adidas.
Mi estrategia es diferente, por la salida entro.
Me infiltro en el sistema y exploto desde adentro.
Número dos, se apagó el fuego de la pasión.
Y te quejabas como te hacía el amor.
Número tres, con todo y eso que fuiste su mujer.
Está hablando de espalda con todo el mundo que ve.

Hablando claro/tengo un problema.
Es que rápido me enchulo de las nenas.
Si me hablan lindo, me caso sin dilema
y me las como, desayuno almuerzo y cena.
Yo soy Don, criao en
con carros de medio
prendas que han
Entonces, háblame
¿Tú crees que puedes
Ni una, de las tuyas
si tú ere' el cangri
yo soy el rey de la

Te llama y me dice que estoy loca,
una zorra y eso es lo que le toca.
Pasar por nuestro córner
sabes que te vas sin Jordan.
Te has chingao a cada una de nosotras
queremos matarte to'as.
de su mujer.
mundo que ve.
con carros de medio millón
y prendas que han costado más de una mansión.
Entonces, háblame claro
¿Tú crees que puedes competir conmigo, canción por canción?
Ni una, de las tuyas pegó
si tú ere' el cangri
yo soy el rey de la
No soy tuyo ni de nadie
Te llama y me dice que estoy loca,
una zorra y eso es lo que le toca".
Pasar por nuestro córner
sabes que te vas sin Jordan.
Te has chingao a cada una de nosotras

Adidas no me usa, yo estoy usando Adidas.
Mi estrategia es diferente, por la salida entro.
Me infiltro en el sistema y exploto desde adentro.
Número dos, se apagó el fuego de la pasión.
Y te quejabas como te hacía el amor.
Número tres, con todo y eso que fuiste su mujer.
Está hablando de espalda con todo el mundo que ve.

# I

# DADDY YANKEE VERSUS DON OMAR

DADDY YANKEE

++++++++++++++++++++++++++++++++++++++++++++++++

El libro favorito de Daddy Yankee se llama *El poder de la disciplina* y tiene noventa y ocho páginas donde leemos que sin amor propio no hay éxito porque sin amor propio se abandonan los sueños.

El sueño de Daddy Yankee era ser beisbolista y la música era solo una diversión, pero una a la que se consagraba con toda seriedad y sistematicidad. Tenía diecisiete años, era 1992, estaba grabando en el estudio de DJ Playero cuando llegó un busecito desde el que comenzaron a salir disparos de una AK-47, una violencia nada inusual en los caseríos de los años noventa, solo que esta vez uno de ellos llegó directo a su cadera y lo dejó un año postrado con una prótesis de metal que lo salvó de perder la pierna, pero que lo hizo abandonar el béisbol y transformar ese sueño en música.

En una entrevista le preguntan si preferiría jamás haber recibido ese disparo y permanecer como Raymond Ayala o ser quien es: nunca haber recibido el disparo, dice Daddy, produciendo el vértigo que da la posibilidad de un mundo en el que no existe "Gasolina", la canción que transformó su vida, las nuestras y las del reggaetón, llevándolo de Puerto Rico a Latinoamérica, rareza incluida: aunque el disco *Barrio fino* estaba pegando en Puerto Rico, "Gasolina" primero prendió más fuera de la isla. Y como prendió fuera de la isla, regresó en gloria a su lugar, pues nadie es primero profeta en su tierra.

Vuelvo a la disciplina.

Adquirir un poder así requiere concentración absoluta, el despeje de todo. No se trata solo de hablar por WhatsApp o mandarse memes en vez de trabajar, sino de "cualquier" cosa en la que se ponga energía inútil. El escritor del libro favorito de Daddy, Raimon Samsó, cuenta que toma el mismo desayuno hace décadas porque andar pensando en opciones dirigiría el tiempo y la mente al despeñadero. No estoy enterada de si esto es válido para el almuerzo o la cena, ni si Daddy Yankee toma el mismo desayuno cada día, pero sí sé que se ha emborrachado solo una vez en la vida, que no se droga más que con marihuana y que ha estado casado siempre con la misma mujer, Mireddys, porque si cambiar de desayuno hace perder energía, cambiar una vida debe ser algo imposible.

*

Desde un yate en una playa de agüita turquesa de Puerto Rico, responde una entrevista del podcastero Molusco con dos frases sobre la disciplina que anoto: "Mira, tú sabes cuántos talentos yo vi, gente mucho más talentosa que yo en el mundo; pero disfrutaban las migajas de hoy y se olvidaban de los tesoros del mañana".

La siguiente frase dice algo similar, de forma menos bíblica, pero más ruin o inquietante: "Cuando tú eres una persona indisciplinada, tú les abres oportunidades a otras personas. Y yo podía ver esas debilidades". ¿Habla de alguien de verdad? ¿Tal vez de Nicky Jam? ¿Tal vez de J Álvarez? ¿O de Eddie Dee?

Hay una leyenda urbana/teoría conspiranoica que me gusta: la de la maldición de Daddy Yankee, que dice que cualquier cantante del Género que tenga algún conflicto con él, nunca vuelve a tener la carrera que tenía.

El año 2004, poco antes de "Gasolina", Eddie Dee sacó el álbum *12 discípulos* en el que invitó a participar a los que más "se pegaban" en el momento. Uno de los discípulos era Yankee. En el tema escuchamos "Ojalá que de los 12, no me salga ningún Judas", como premonición de lo que ese discípulo llegó a ser para

Eddie Dee, precisamente por "Gasolina", un tema producido por Luny Tunes y hecho por él y por el Judas Yankee.

En ese mismo yate del agüita turquesa, Molusco le pregunta sobre el drama con Eddie Dee. Con la calma que da ser tan seguro de sí, responde que Eddie le pidió regalías de la canción. Normal, podríamos pensar, pero según Daddy fue la propia "Gasolina" la que cambió el juego e hizo que la informalidad se transformara en industria. Antes, los acuerdos eran de palabra y las colaboraciones funcionaban por trueque: yo te compongo para x y tú me ayudas para z. Daddy dice que de todos modos le pasó a Eddie Dee lo que él quería. Pero Eddie le tiró igual. Y aunque "La locura automática" esté para siempre en nuestros corazones, su carrera —maldición mediante— nunca volvió a ser la misma.

Vuelvo a la frase: "Cuando tú eres una persona indisciplinada, tú les abres oportunidades a otras personas. Y yo podía ver esas debilidades". Tal vez Yankee no hable de nadie y solo quiera darnos una lección en abstracto, pero mi intuición o el ánimo de poner aquí un conflicto me hacen escribir un nombre: Don Omar.

Un año antes de *Barrio fino*, Don Omar sacó *The Last Don*, dividiendo el mundo de una forma que se sostendría durante años: Yankee versus Don.

DON OMAR

++++++++++++++++++++++++++++++++++++++++++++++++

Esta división no se parece a las de las barras de fútbol, donde te gusta bestialmente o moderadamente uno u otro. Aquí te podían gustar los dos —te solían gustar los dos—, pero había que preferir un poco a uno sobre otro porque eran dos visiones de mundo distintas.

Don Omar sacó su primer disco a los dieciséis años, un LP evangélico que daba inicio a su vida como pastor de ochocientos jóvenes de una iglesia. Una vida que iba a terminar cuando empezó a oscilar entre ser Don Omar y ser pastor, y tuvo que escoger "estar en el mundo" o "estar con Dios". "El mundo", escogió Don, pero sin dar un testimonio en el que desprecia su pasado cristiano: dice que sabe que algún día volverá a Dios y —esto me encanta— menciona que el gran aprendizaje en su vida como cristiano fue escribir: gracias a las prédicas entendió que las palabras no están vacías y que hay que escogerlas con exactitud para "mover miles y miles de corazones".

Daddy tuvo un proceso inverso al de Don: hacía canciones como "Somos de calle" y canciones para Dios en un mismo disco, pero no era pastor de nada; vivió una carrera en la que a ratos hablaba de la fe mientras colaboraba en canciones del tipo "Taladro, / no importa como lo pongas, / tú sabes que te lo cuadro", pero la pregunta de estar con el mundo o estar con Dios la terminó de responder retirándose de su personaje de Daddy Yankee para volver a ser Raymond Ayala y consagrarse definitivamente a Jesucristo. De esto voy a hablar más en algunas páginas, ahora quiero marcar las distancias entre Don y Daddy: el primero expastor, divorciado, adicto a las drogas y al sexo, acusado y sobreseído por violencia intrafamiliar y con problemas legales: Héctor el Father produjo "Dale Don dale" de Don Omar al mismo tiempo que era uno de los líderes de "El combo de los 70", una organización de narcotráfico también liderada por Ángelo Millones. Héctor el Father se hizo evangélico y Ángelo Millones terminó con cadena perpetua. Cuando Ángelo financiaba carreras, fiestas y presentaciones de reggaetón. Quien recuerde la canción "Intocables", tal vez también recuerde que Don Omar cantaba sobre "El combo de los 70" y el "Buster", otro nombre de Ángelo.

Era el año 2004. Y detuvieron a Don.

El asunto era harto menor que lo de Ángelo: tenía un arma no registrada, llevaba algo de marihuana y también fumaba. Lo condenaron a varios años de cárcel, pero zafó con una fianza de treinta y dos mil dólares. Al año siguiente apareció una canción que sí o sí van a recordar: la tremenda "Bandoleros", con Tego Calderón.

> Me dieron las primeras planas.
> Cogen rapero con marihuana, pistola y cosa rara.
> Solo quedara en su mente clara.
> Cuando crezcan donde yo crecí se críen donde me criaba.
> Diablo me duele tanta baba.

Por mientras, Daddy Yankee tenía una vida demasiado impecable.

*

El año 2015 hubo una serie de conciertos que Don y Yankee hicieron juntos, a pesar de ser rivales, por amor al espectáculo: The Kingdom se llamaba la gira que partió en Puerto Rico e iba a terminar en Estados Unidos. Cada día de concierto tenía su ganador. Raphy Pina, entonces productor de Don Omar y luego productor de Daddy, dice que veía con angustia cómo el rival ensayaba solo como un disciplinado puede hacerlo, mientras

Don Omar llegaba tarde y a veces. Como en todo, cada cual tiene su versión. Don Omar alega que lo boicotearon —primero la prensa, luego la producción de Daddy Yankee—, así que voy con ciertos hechos:

- El boicot que acusa Don Omar es el hecho de que la prensa de Puerto Rico haya titulado que el primer *round* lo ganó Daddy Yankee. Portada comprada, según Don.
- The Kingdom en Puerto Rico fue ganado por Daddy, según el público.
- La gira de Estados Unidos se terminó antes de lo debido porque Don Omar se retiró picadísimo. Según Daddy, una irresponsabilidad que lo hizo perder tiempo y plata, así que jamás volvería a trabajar con él. Según Don, un boicot de Daddy.

Don Omar no solo era menos disciplinado, también aprendía a tropiezos. Cuando su carrera empezó a dispararse, vendió los derechos de la canción "Dale Don dale" a seis mil dólares —nada para el éxito del tema— mientras que Daddy Yankee sabía hacer negocios.

Recién el 2023 terminó la lucha. Daddy se hizo evangélico, Don Omar anunció vuelta a los escenarios con gira por Estados Unidos y al día siguiente subió un post de reconciliación con Daddy que parte así: "Carta abierta al género que me hizo quien soy. Encontré esta foto y siento la necesidad de compartir algo que necesitas escuchar. En esta foto estamos dos caballeros que desde el primer día que nos conocimos nos respetamos…".

Daddy acogió el gesto e hizo lo mismo, aunque lo suyo también incluía evangelización y trascendencia espiritual: "Espero que nuestro último *round* sea en contra del enemigo de las almas, batallando juntos en el ejército del Señor".

Un usuario de Instagram posteó que los prefería peleados. YO TAMBIÉN, pensé. Tal vez sea porque el roce siempre divierte más. Tal vez sea solo nostalgia de los días del "reggaetón viejito" no porque me guste más que el de ahora, no porque haya sido más feliz entonces, sino porque pasó antes; o por el hecho tremendo de que toda la visión amorosa que nos iban a entregar las letras de reggaetón se empezaba a armar esos días.

*

El relato fundacional de Daddy es el accidente. El de Don Omar es múltiple:

1. Un atentado cuando tenía quince años, que mató a dos amigos: él fue el único sobreviviente.
2. Su refugio en la Iglesia.
3. La anécdota de Shakira de *¿Dónde están los ladrones?* —calcada a la de Don Omar— tiene la belleza del descuido. Ahí donde a Shakira le roban el disco duro con las grabaciones del nuevo álbum, a Don Omar se le pierde en un aeropuerto porque se paró a hacer no sé qué. Tiene un solo mes para grabar de nuevo, desde cero, y para lograrlo acude a canciones descartadas que no son solo canciones, son una identidad. El plan original de Don era dedicarse a los reggaetones de "malianteo", tiraderas, ser un hombre rudo; pero en esta segunda oportunidad de disco sus productores le sugieren algo de romanticismo. Según Don Omar, de ahí surge incorporar "Dile", que en mi poco humilde opinión es un despliegue de ego donde el rival importa más que la amada, más que una canción romántica:

   Cuéntale que te conocí bailando.
   Cuéntale que soy mejor que él.
   Cuéntale que te traigo loca.
   Cuéntale que tú me quieres ver.

Pero también está "Aunque te fuiste", una canción de desesperación. "Vuelve que voy a morirme", canta condensando un episodio real. Don Omar se había portado pésimo con la novia y ella lo terminó. Él le pidió perdón, la novia lo aceptó de vuelta, pero cada cual es como es, así que volvió a meterse con otra y ahí sí que lo terminaron en serio. Antes de cantarla por primera vez en vivo, micrófono en mano, Don Omar le contó al público que estaba esperando que la novia llegara a perdonarlo. Había dejado una silla vacía para esperarla. La *performance* pública no le ganó a la vida privada: la mujer no apareció, pero Don Omar quedó como el hombre de amor desbordado y aunque con el tiempo no sé si la primera palabra que viene a la mente al decir Don Omar sea "amor", estoy segura de que es fácil asociar desborde. "Salió el sol", por ejemplo, es una canción de playa, pero muy distinta a lo que sugiere "Limbo" de Daddy Yankee, donde la fiesta es solo alegría. En las dos canciones hay cuerpos bronceados, pero la fiesta de "Salió el sol" —de la noche al amanecer— suena a sexo duro, a placer en el caos.

No solo la fiesta, también el amor de Don Omar es del desborde: la sumisión absoluta a una mujer tremenda y fría en "Virtual diva" ("la cima de un beso y un brinco suicida") y el enloquecimiento en los excesos por la mujer de "Ojitos chiquititos":

> Es una lluvia de alcohol que te empapa.
> Una nube de humo que te arrebata.
> Sintió un hechizo de sus ojos de gata
> que te seducen y en sus garras te atrapan.
> Esa es una sata que ha vacilado contigo
> y que ha puesto a gatear a todos tus amigos.

Con Daddy es otra cosa y no porque no tenga tremendas canciones de amor. "Tu príncipe" es brillante en reflejar la imposibilidad de decirle a la otra persona todo lo que te gusta, pero la parte más elocuente y recordable es la de Zion y Lennox:

> Si tú supieras que me pasa cada vez que te veo (*you know baby, c'mon*).
> Quisiera confesarte lo que siento y no me atrevo.
> Mil emociones me dominan cada vez que te veo.
> Te veo cerca y a la misma vez te siento tan lejos.

O "Llamado de emergencia", por ejemplo, dice: "Ven aquí rápido, ven aquí rápido. / Es un llamado de emergencia, *baby*", pero aun así no se siente urgente, sufrida, angustiosa, desbordada como las de Don Omar. No la cantamos como podríamos cantar "Pobre diabla". La cantamos con pasión, pero alegre. Intuyo que tiene que ver con lo que proyecta o no proyecta Daddy. En una de sus entrevistas cuenta que casi nunca concede una porque quiere que se fijen en su música. Su vida impecable —ya dije— no hace ruido que tiña la canción de algún algo. Y esta es su virtud: en las canciones de Daddy proyectamos lo que queremos o Daddy nos toma el cuerpo con una profundidad distinta a la de Don Omar. Para los donomaristas, podría ser una debilidad: la potencia de Don Omar está en su oscuridad.

Hablemos de la crucial "Ella y yo". La escena la tenemos en mente, así que la describo por placer. Dos amigos, Don Omar y Aventura, conversan en la barra de un bar. Don Omar está en conflicto: sale con una mujer casada —"un laberinto sin salida donde el miedo se convierte en amor"— y aunque Aventura se siente en la posición opuesta —casado feliz, vida cotidiana tranquila, adoración a su buena esposa, un Daddy Yankee cualquiera— le recomienda a Don Omar seguir en ese laberinto: el deseo es el deseo. También tenemos el diálogo en mente, pero debo reproducirlo:

> Don Omar: Amigo, pido perdón, yo nunca te fallé,
> me traicionaron las ganas de volverla a ver,
> y aunque todavía no puedo creer
> lo que este amargo encuentro me hizo comprender.
>
> Pues tú también llegaste a ese lugar
> donde tantas veces yo la fui a buscar.
> Y aunque no es fácil lo que voy a hacer,
> admitiré que salí con tu mujer.
>
> Salí con tu mujer.
> Salí con tu mujer.
> Aventura: ¿Qué?
> Don Omar: Salí con tu mujer.

Aventura: No, yo no estoy creyendo esto.
Don Omar: Salí con tu mujer.
Aventura: No, no.
Don Omar: Salí con tu mujer.

Aventura: Que te perdone dios, yo no lo voy a hacer.
Los perdí a los dos, y a la misma vez.
Ya veo que todo era mentira cuando ella me decía
que se iba pa' Puerto Rico a vacaciones con su amiga.

Me mintió.
Tú y ella en una cama, allá en Bayamón.
Quizás en Isla Verde o Carolina, ¿cuántos hoteles ensució?
Tú también, los odio a los dos.

Lo magnífico en Don Omar tiene la puesta en escena de la teatralidad y lo magnífico de Daddy se manifiesta en algo más similar a los efectos especiales: en el Festival de Viña del año 2004 bajó de un trono, en su concierto de retiro en Puerto Rico puso autos de carrera y varios drones con luces que formaban las palabras "Cristo vuelve". ¿Qué viene primero? ¿Tener éxito para sentirse seguro de mostrar pirotecnia? ¿O mostrar pirotecnia para forjar grandiosidad? En el caso de Daddy, disciplinado en el amor propio, es lo segundo. Y por muy en tercera persona que hablen Daddy y Don Omar —señal evidente de grandiosidad— fue Daddy quien dijo: "Daddy Yankee no es un cantante. Daddy Yankee es un movimiento".

*

La vida podría ser más esquemática para que los esquemas de los libros se pudieran sostener fácilmente. Pero la canción más escuchada de Don Omar en Spotify es la más daddyanquiana: "Danza kuduro" —feliz y despreocupada— que tiene la misma vibra que "Limbo", de Daddy. Música de crucero, leí por ahí; no hace falta decir que el comentario era despectivo.

La vida podría ser más esquemática, sobre todo en la limpieza de la división Yankee/Don. Pero Daddy también tiene sus complicaciones, que seguro pasan menos advertidas que las de Don porque son menos clásicas.

"¿A qué le tienes miedo?", le pregunta una periodista hace doce años atrás, en un cuestionario de mil preguntas —esto no es una exageración, son mil preguntas en serio—.

"A un castigo de Dios", responde Daddy. Luego se ríe. Y es inevitable pensar si acaso fue feliz mientras fue Daddy Yankee.

# II

# PERREO SENSUAL / HASTA ABAJO / EH, EH, EH, Y PERREO DE COMBATE

IVY QUEEN

++++++++++++++++++++++++++++++++++++++++++++

*He vivido un acto histórico*
ZION, "Zun da da"

Está la imagen de la banda gringa de amigos igualmente gringos que ensayan en su *garaje* megagringo. O es como si la palabra *garaje* incluyera todo eso: banda, amigos, ensayo, Estados Unidos. En vez de *garaje*, diré "marquesina". Es la palabra que usan en Puerto Rico y se la escuché a Ivy Queen en un par de entrevistas en las que habla de ellas: primero, la marquesina de DJ Negro, uno de los productores más importantes del *underground*, una especie de prerregaetón. Luego, la marquesina de Eddie Dee.

Primera marquesina: era 1995 y DJ Negro le había dado una oportunidad y, con la oportunidad, el terror de perderla. "Si la cagas te tienes que ir", dice Ivy que le planteó DJ Negro al invitarla a probarse. Si no la cagaba, podía convertirse en la primera mujer en tener un espacio en los casetes de The Noise: "Nerviosa *as hell*", dice, le dio la espalda a DJ Negro y al resto de los hombres y, de cara a la pared, se puso los audífonos, tomó el micrófono y comenzó:

> Muchos quieren tumbarme
> y les digo que "no, no, no van a poder".

Al terminar el tema "Somos raperos, no delincuentes" se dio vuelta. No la había cagado y los hombres quedaron sorprendidos. DJ Negro cuenta que no fue tan así, pero casi: Ivy llegó al estudio y probó con varios *freestyleos* hasta dar con ese. La versión que sea confluye a lo mismo: "Somos raperos, no delincuentes" puede buscarse en YouTube para llegar a ver a Ivy Queen en 1997, con el pelo negro y largo tomado en una cola apretada, argollas grandes, chaqueta y pantalón plateado todavía más grandes que las argollas porque la Ivy nerviosa *as hell* iba a arrasar y transformarse junto a Vico C en el emblema de The Noise.

Segunda marquesina: Eddie Dee lanzó el disco *12 discípulos* a principios de enero del 2004. Como Jesucristo, invitó a sus doce apóstoles, entre ellos Daddy Yankee, Tego Calderón, Nicky Jam, Zion y Lennox.

Hay ausentes que brillan, como Don Omar o Wisin y Yandel, pero lo que me importa en esta página es que la única mujer fue Ivy Queen, quien cuenta que al llegar a grabar vio a todos los hombres diciendo que iban a matar con sus *barras* —rimas—, vociferando "Yo soy el caballo, yo soy el caballo".

Ivy se sentó en su esquina a escribir sus propias *barras* y transformó el término caballo en una *barra* inolvidable de "Quítate tú pa' ponerme yo": "Quítate tú que llegó la caballota, la perra, la diva, la potra". Las frases no eran un fronteo que salía de nada. Un año antes había hecho uno de los temas más importantes de la historia del reggaetón —"Quiero bailar"—, del que voy a hablar en un par de párrafos.

*

"Yo soy el *influencer* más importante de Puerto Rico", dice Rocky the Kid luego de que Bad Bunny cantara en "Mónaco": "Tú eres un charro, Rocky the Kid, una porquería". En la lógica de Rocky, si el más grande lo mencionaba para insultarlo, por supuesto que él también sería el más grande. Rocky the Kid dice más cosas, como que es el primero que usó la palabra "perreo" en este mundo. Fue en su programa de radio *El despelote,* en 1999, en una forma de decir cita: "Tengo un perreo" = "Tengo una cita". Pero Maiky Backstage, conductor de un programa que entrevista a distintos artistas del Género, tiene otra versión que va hacia 1998, disco Club Hollywood, en la voz de Oakley; eso sí no hay mucho rastro: Oakley murió el año 2002 en un accidente de moto y el asunto resulta *ingugleable*.

Sigo con las versiones. Esta de "Hasta abajo project", una especie de museo *online* de reggaetón, que más que un origen fijo, muestra distintas posibilidades. La primera, el uso de perreo en el *Diccionario histórico de la lengua española* publicado en Madrid, 1941, pero solo relativo a los perros. Luego, se usa en Bogotá, en 2001, como una forma de decir "rumba". En el 2002 por el Gangsta y en el 2003 en una entrevista a Glory Montalvo.

Veinte años después de la entrevista a Glory apareció la canción "Where She Goes" de Bad Bunny, un tema perfecto que se supone que está dedicado a Kendall Jenner. Ahí BB canta:

> Mami te voy a dar
> hasta que te duela la popola como a Glou.

Glou es Glory, que además de haber usado la palabra perreo en el principio de los dos mil, le hizo voces a muchas de las canciones del Género: "Baila morena" o "Dale Don dale"— y que tuvo temas propios, precisamente "La popola"—:

> Ay, no me des más ná,
> que me duele la popola,
> ay, dale por allá
> pa' que descanse la popola.

Popola, por si acaso, es la forma dominicana de decirle al toto, coño, choro, vagina; y la canción fue prohibida en República Dominicana. Pero como pasa con las prohibiciones, se volvió un hit. Un hit y una rareza porque ese "dale por allá" sugiere sexo anal y, aunque el reggaetón está plagado de la frase "en cuatro", no está plagado de analidad ni, mucho menos, dicho por una mujer.

Antes de ese 2003 de Glou y perreo, estuvieron Los Cangris y Wisin y Yandel —año 2001— con "Ritmo de calle", "Quiero verte bailar" y "Sensual te ves". Todas nombran la palabra perreo, terminan en sexo o lo piden, pero mi favorita es "Sensual te ves", no tengo más argumento que su ordinariez simple y sofisticada que proyecta el tipo de rimas que Calle 13 hará años después:

> A lo que me acomodo y busco el modo
> de metértelo todo todo y no me des de codo
> que llego tu modelo,
> el que te va a hacer gemelos.
> Así que caramelo abróchate el cinturón,
> que vas a subir al cielo (saludame a canelo).
> ¿Lo ve' nena? El que no tiene pelo
> quieres que baje y te la lamba.

En "Sensual te ves", escuchamos la voz de la mismísima sensual diciendo que va a aruñar al tipo. Como muchas de las de mujeres de entonces, no tiene créditos en la canción y no tenemos idea de quién es. Por ejemplo, poca gente sabe que una chica llamada Jenny la Sexy Voz es quien canta en "Noche de travesura" o "El tiburón".

Por eso vuelvo a la sí reconocida Ivy Queen. En el disco *Diva*, 2003, aparecen "Quiero bailar" y "Quiero saber". Solo la última nombra la palabra perrear —tú eres el *man* con quien quiero perrear— le dice a Gran Omar, su pareja de entonces en la vida real (que no es lo mismo que Don Omar, advierto), pero me parece que "Quiero bailar" es la que vibra a perreo.

> Yo quiero bailar.
> Tú quieres sudar.
> Y pegarte a mí,
> El cuerpo rozar.
> Yo te digo: "Sí, tú me puedes provocar".
> Eso no quiere decir que pa' la cama voy.

Lo precioso de "Quiero bailar" es la certeza en su ambigüedad: no es que no esté caliente y por eso te diga que no. Puedo estarlo, pero no me iré contigo y hago esta canción para que lo entiendas. Y aún más. "Quiero bailar", quizás, reivindica un acto usualmente denostado, lo diré en chileno: calentar la sopa (o crear falsas expectativas, o enviar señales equivocadas).

Toda esta declaración de principios también está en el mismo ritmo que nos pone a bailar, sobre todo cuando canta:

> Que los dos tengamos que sudar (que sudar).
> Que bailemos al ritmo del tra (tra).

Porque cualquiera que haya escuchado esta parte ha sentido las ganas de sudar y pegarse a otra persona. Quien no la haya escuchado, aquí tiene el código para ir a la canción y sentir exactamente lo que se siente.

Es decir: la canción "dice" que puedo pegarme pero sobre todo que me "provoca" el deseo de pegarme y después, si quiero, despegarme.

Casi diez años más tarde Karol G era la corista de Reikon, también colombiano y reggaetonero, con el que cantaba el tema "301":

> Yo sé que tú quieres tenerme en tu cama.
> Te matan las ganas
> pero no.
> Y sé que tú piensas que tú a mí me matas.
> Tal vez sea cierto
> pero no, no, no.

La cita a Ivy es implícita y clara a la vez. Ese "no, no, no" también desborda algo sexual: puedo decirte que no bailando cerca de ti, pero de todos modos será un perreíto sin más compromiso que el presente.

*

Hay días en las que una anda Ivy en "Quiero bailar", con ganas de bailar y largarse.

Hay días en las que una anda Ivy en "Quiero saber", con ganas de bailar y pegarse. En Spotify existe una lista llamada "Perreo sucio asqueroso" que remite a esos días que tienen la intensidad del perreo más primigenio, original —ese que escandalizó a muchos—, en el que el culo se agita rápido imitando el apareamiento.

Hay días en las que una anda Trébol el Clan, en modo "agárrala, pégala, azótala", que no son exactamente los mismos días en los que una anda diciendo "yo quiero perrear y fumarme un *blunt*" mientras perrea fumando un *blunt*, o sin fumarlo, total el baile a veces tiene la mímica que encontramos en los juegos, por ejemplo, cuando una hace como que es Romeo Santos mientras suena "Ella y yo" y apunta a la amiga que está haciendo de Don Omar para decirle con altísimo énfasis "Que te perdone dios, yo no lo voy a hacer" o cuando una actúa de chico de las poesías declamando con elegancia y emoción "Hola ¿qué tal?, soy el chico de las poesías, tu fiel admirador".

Y a veces no hay juego.

> Vente conmigo.
> Sola, conmigo.

Escuchamos en "Safari", donde hay un vaivén más que un "romper el suelo", un perreíto lento más que un perreo sucio asqueroso; y dejo acá el tema para transportarse a ese vaivén cerrando los ojitos:

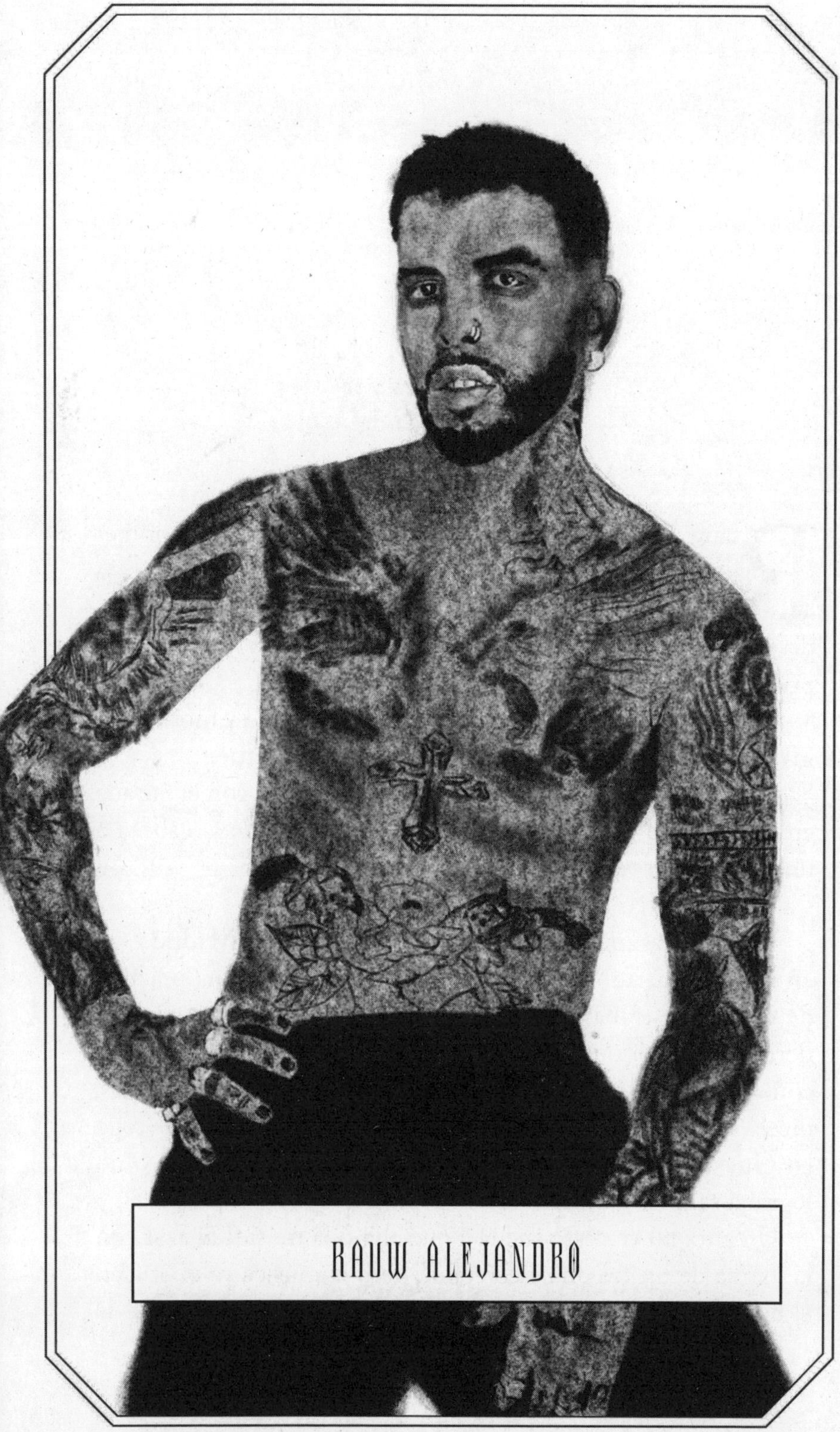

RAUW ALEJANDRO

+++++++++++++++++++++++++++++++++++++++++++++++++

*Haremos sexo con ropa*
*esto será entre tú y yo*
ZION, "Zun da da"

Rauw Alejandro quiso jugar en el Real Madrid. Ser el primer puertorriqueño en jugar en el Real Madrid. Partió en casa y siguió en Estados Unidos, todos los días entrenando desde las cinco de la mañana para probarse en el Orlando, el primer equipo que iba a pagarle en serio.

"Lo hice pésimo", dice en una entrevista, riendo y mostrando los dientes más perfectos del planeta —no exagero—.

Frente al arco, pateó la pelota fuerte y la siguió con la mirada en un trayecto desorbitado que terminó en rajarle la cabeza a una mujer que veía el partido.

A los dos días estaba de vuelta en Puerto Rico.

Era difícil asimilar el dolor de no jugar en el Real Madrid —ni en ninguna parte— mientras enfrentaba el problema práctico de conseguir trabajo. Le vino una depresión y en medio del derrumbe supo que tenía que hacer música, pero necesitaba conseguir el plata para arrendar un estudio. Había dos caminos, dice. Vendedor en *retail* o vendedor de droga. Tocó *retail*—ropa en Guess— y la música terminó en su SoundCloud, pero no lograba salir de ahí.

Un alto: tal vez esto suena a que eligió la música al azar con la fuerza de un "weona, decrétalo", pero la música ya existía en él no solo porque su mamá fue corista y su papá guitarrista de una banda de merengue llamada Raúl Alejandro, sino porque Rauw siempre cantó y bailó, y pensó que lo único que lo podía salvar era la música. Salvación en todo el sentido de la palabra. Del apocalipsis económico y del apocalipsis de ánimo, sumando el sueño de ser tremendo. Si no había funcionado en el Real Madrid, esto tendría que funcionarle en el mundo.

El problema es que ahora le tocaría observar el trayecto de otros hacia el cielo —igualito a su pelota mal pateada— aunque esta vez rajando su propia cabeza: Benito Martínez Ocasio, un año menor que él, ya empezaba a lograrlo todo cuando él no terminaba de despegar. Por supuesto, lo enfadó. Esto no lo digo yo, lo vi en una entrevista que me hizo pensar que no solo sonreía porque sabe que ahí está su encanto; también porque es tímido y se ve tan nervioso que reemplaza las palabras por la sonrisa. Vuelvo a la rabia, que siempre decanta en las opciones de rabia paralizante/rabia productiva. La de Rauw fue del segundo tipo, modificando su plan inicial. En sus primeras presentaciones se había propuesto ser un *showman*, un chico que iba a aprovechar su sensualidad trascendiendo el canto con perreo y baile.

Esto, en teoría fantástico, no prendía. Rauw Alejandro no ganaba más de doscientos dólares por presentación. Mi teoría es que a pesar de que uno de los legados más importantes del reggaetón es el baile, nadie del Género se consagraba a hacerlo bien. Tal vez Don Omar le sacaba algún partido a veces, pero no a ese nivel. Temo que lo que diré ahora tiene vocación de frase para el bronce, pero no me quiero detener, aquí voy: a veces hay que dejar de ser fiel a uno mismo para poder llegar a serlo.

Rauw se concentró en las melodías y letras, y supo suspender por un tiempo sus ganas de bailar. Sacó los discos *Trapcake 1* y *Punto de equilibrio* y empezó a irle bastante mejor que cuando ganaba doscientos pavos en un *party*, pero aún no era ese mejor-mejor que buscaba.

Otro alto: en realidad la carrera de Rauw seguía un ritmo normal si pensamos en otros tiempos y otros géneros, solo que ahora —Spotify y tecnología mediante— el éxito avasallador viene rápido, un ejemplo es Cris MJ y gran parte de la escena chilena. Según Rauw, la lentitud fue el camino correcto, una afirmación que puede responder a la típica necesidad de considerar que las cosas fueron perfectas tal cual pasaron porque en realidad no queda otra.

De la pica a ser tremendo transcurrieron siete años, cuando llegó el single "Todo de ti", que cristalizaba sus particularidades: Rauw no se dedicaba —no se dedica— demasiado al dolor ni tampoco a medirse el pene —"soy mejor que tú, / tengo el bicho más grande que tú"—, un clásico en el Género.

Tampoco tiene problema de mostrarse suplicante, vulnerable o feliz de puro enamorado; ni ser quien lo da todo en el sexo solo para otorgar placer, a diferencia de otro clásico en el Género: el sexo para mostrar poder. "Porno para tus oídos", es la descripción que hace de su música. Y en cierto sentido para la vista. "Y baila como sé que se movería un Dios al bailar", cantaba Rosalía y tiene absoluta razón. Baila como si bailar fuera fácil, como si no tuviera huesitos, y es el único Dios del Género que hace coreografías.

Además de haber días en los que una anda Ivy en "Quiero saber", con ganas de bailar y pegarse.

Además de haber días en los que una anda entregada al perreo sucio asqueroso.

Además de haber días en los que una anda Trébol el Clan, en modo "agárrala, pégala, azótala", sin querer azotar a nadie, porque el baile y el canto suelen tener la mímica que encontramos en los juegos.

Además de todo eso, hay días en los que una anda en modo Rauw, bellako, pegada al cuerpo de otra persona perreando. O con ganas de estar pegada a Rauw, cantando "Diluvio": "Mami: tú quieres más, tú quieres más, tú quieres más". O en "Desesperados":

Tengo reservado el hotel,
pero con estas ganas no vamo' a llegar.
Somos dos desesperados
y por eso nos tuvimos que *parquear.*
Atrás nos espera el asiento.
Tú eres una aventura
cuando te desnudas.

ANITTA

*Yo soy un caso que hay que resolver*
ANITTA, "Envolver"

Creo que hay tres formas de llevar las cirugías estéticas. Esconderlas, asumirlas o ser como Anitta, que se operó la nariz, se moldeó la mandíbula, se achicó el busto, y lo cuenta tan naturalmente que es disruptivo. Una cosa es decirlo así como así y otra es decir que no siempre le ha gustado el resultado, pero qué tanto, si todo está en la adrenalina que le produce pensar en cómo quedará. Aunque lo de la adrenalina podría generar sospecha —¿por qué la mayoría de sus operaciones tienden a un ideal?—, esa sospecha se complejiza porque la cara de Anitta no busca ocultar la cirugía y hace de ella una obra en sí misma. La portada del disco *Versions of Me* muestra los seis rostros que ha tenido Anitta desde antes de operarse hasta su estado actual.

Alguien que la entrevistó dice que sus respuestas son el placer de todo periodista. Estoy de acuerdo. En su documental de Netflix, cuenta que luego de un concierto se fijó en un hombre totalmente hermoso. Así que no pudo evitar mandar a preguntar su nombre y contacto. Thiago y aquí está el número. Anitta tenía que irse rápido: pasaba por São Paulo por un rato porque el destino era México. Desde el aeropuerto, hablaron cinco horas por teléfono. Volvieron a verse en la casa de Neymar, y ahí, un amigo de todos —brillante o impertinente— presentó a Thiago como el novio de Anitta. Ella se quiso morir de vergüenza y explicó que no eran nada. Thiago la miró y dijo: "Me encantaría ser tu novio". Con la vergüenza olvidada y la euforia en la garganta, Anitta pescó el celular de Thiago y le mando un audio a todos los amigos de él para vociferarles que ese hombre, su amigo, ahora compartía vida con la mejor mujer de Brasil. Brindaron para celebrar y esto sería totalmente normal si es que Anitta hubiera sido una persona habituada al trago, pero como no lo era terminó dada vuelta. Se tuvo que ir temprano, en un auto que manejaba algún amigo mientras ella iba sentada con Thiago atrás. Lo primero, fue vomitar arriba de Thiago. Lo segundo, las ventanas. Lo tercero, salpicarle al conductor. Lo cuarto, pensar que había arruinado el amor en menos de veinticuatro horas. Pero el noviazgo siguió en pie, se casaron y hasta están separados.

*

El mismo disco de las seis Anitta contiene la canción "Envolver", la primera brasileña en tener un número uno en Spotify y con un baile inolvidable. Inolvidable en serio.

También creo que hay tres formas de bailar.

- Bailar mal (que en realidad tiene sus propios extremos: hacerlo pésimo o solamente mal).
- Bailar bien.
- Bailar como Anitta.

Ahora sí, vamos con "Envolver": En la canción con video dirigido por ella misma —Anitta no deja nada al tuntún— hace un paso creado por ella en el que, pegada al piso, se levanta apenas contoneando las caderas, moviendo el culo hacia arriba y hacia abajo y golpeando el piso como quien rompe el suelo. El paso va acorde a la letra: Anitta no necesita insistirle al otro para enamorarlo, solo necesita un perreíto. Un perreíto que solo podría hacer ella.

*

No es que Anitta haya inventado el perreo, claro, pero pocos astros tienen un paso propio y provocan que alguien se tire al piso en una fiesta intentando imitarlo. Lo he visto con mis ojos. Gente poniendo al menos seis veces "Envolver" para hacer competencias de quién se contonea y rompe el suelo mejor, cuyo premio es la tremenda satisfacción de hacerlo bien. Pero si lo haces mal, también vale: es la gracia del reggaetón. Lo mismo pasa con bailar hasta abajo, un acto fundado por El General en "Muévelo":

> Vi a un cojo que estaba bailando
> y un ciego me estaba mirando
> y un calvo se estaba peinando
> y un sordo me estaba mirando
> y yo le dije, y yo le dije:
> Hacia abajo
> hacia abajo
> hacia abajo.

Ese "hacia abajo" encuentra su versión *sexysensual* y también la versión de ponerse en círculo para mirar a una persona bajar mientras se la anima diciendo ¡EH EH EH EH! y mientras más ¡EH EH!, más baja; aunque no pueda pararse otra vez. He visto varios TikTok de esto. O relativos a esto, sobre todo al asunto de no pararse otra vez, que dicen que lo de bailar hasta abajo —en modo sensual o en modo ¡EH EH EH EH!— ya es de viejitos. Y por viejitos entienden haber pasado los veintitrés años más o menos. Por ende la generación Gasolina (que ronda los treinta y cinco a cuarenta años), la generación Ginza o del advenimiento del reggaetón colombiano (que ronda los veintiocho a treinta y cuatro) y la generación Safaera —o insertemos la de Bad Bunny más que sea (desde los veintitrés)— empieza a quedar pasada[1].

1. Odio las notas al pie, pero resulta necesario decir que estas categorías son absolutamente mías, por ende cuestionables o destruibles; y que algo hermoso del reggaetón es que el pasado, el presente y el futuro pueden confluir en un solo momento. Toda generación está bajo el mismo signo, casi.

"Ya nadie baila *twist*, está bien, hay que aceptar". Eso quise pensar primero. Pero me ganó la resistencia natural a transformarse en parte del pasado, así que busqué respuestas en canciones de ahora y les pregunté a dos personas que podían saber. La canción que más me saltó fue "Classy 101" de Feid y Young Miko, en la que Feid canta:

> No le pongo freno.
> Esas nalgas me las baja hasta el suelo

Young Miko es muy joven, pero Feid pertenece a la generación Ginza, tanto así que fue uno de los compositores del tema, por lo que quedo donde mismo.

Luego fui donde las personas: una DJ y una persona joven. La DJ es Lizzlove y tiene un currículo que la autoriza a todo: teloneó a Balvin en Coachella, es cofundadora del neoperreo, dueña de la fiesta La Chismoteka y viaja por el mundo haciendo bailar reggaetón. La persona joven es Distóbal, un productor de veintiún años que es el primer chileno en trabajar en la Neon16, la productora de Tainy. Distóbal me dijo que quizás pasaba un poco pero tampoco tanto (y me alivié), Lizzlove me dijo lo mismo y también agregó que si pasaba daba igual porque el reggaetón ya trascendía encontrando la forma que fuese. Y eso me hizo recordar que no solo el "hasta abajo", también el perreo en general, tiene tanta trascendencia que existía antes de ser llamado así: DJ Playero cuenta que en los años ochenta le decían "huevodancing".

Dejo este desvío etario que retomaré más tarde, para volver a Anitta y a Brasil. Al gran y extraño Brasil. Un mercado que ni siquiera necesita escuchar a los Beatles originales, total los tienen en bossa nova. Un mercado que se basta a sí mismo. Un mercado al que es difícil entrar: ni Bad Bunny es muy famoso allá y Gata Only, el tema chileno que le está ganando a Beyoncé en este momento y que tiene número uno en Argentina, Perú y Suiza, ni siquiera tiene algún puesto. Difícil entrar, sí, y desde donde también es difícil salir. Pero Anitta lo logra con su tremendo encanto —comparado solo al de Karol G— y trabajando con intensidad para aprender bien español, inglés e italiano; sumándolos al portugués e ir cantando reggaetón. La prolijidad no siempre asegura inmediatez. En su documental en Netflix cuenta que un día tuvo ocho reuniones para lograr ser internacional; falló en las ocho y pensó volver a Brasil para nunca salir de ahí. También mandó "Downtown" a varias estrellas y todas —Karol G incluida— rechazaron la colaboración. Tal vez haya sido una suerte, porque J Balvin dijo que sí, y el nombre Anitta llegó a nuestro radar: entonces J Balvin era el chico deseable para toda colaboración, el rey del reggaetón, y la canción, como todo lo que hace Anitta, fue inusual para el Género en el año 2017, cuando aún no existía Tokisha ni Young Miko y Karol G estaba en otra frecuencia. "Downtown" habla de sexo oral y sexo oral recíproco en un perreo que pertenece a la categoría ya vista de quedarse cuerpo contra cuerpo.

> A mí me gusta cuando baja *downtown*.
> Le pido que se quede ahí envenciao'.
> Me dice baby, suena interesao'.
> Si quieres ven y quédate otro *round*.

*

En portugués, la terminación "*ita*" no indica la ternura o condescendencia del diminutivo; me entero recién gracias a una entrevista en la que Anitta cuenta que dejó de ser Larissa de Macedo Machado a los catorce años, después de culparse por haber sido abusada sexualmente por su novio de entonces y necesitar refundarse, y escoge el nombre Anitta por una miniserie brasileña llamada *La presencia de Anitta,* en la que a Larissa le parecía ver a una mujer que era muchas mujeres a la vez. Eso quería. Ser la que podía sobreponerse, la fuerte, la que es a veces vulnerable y, más tarde, su propia mánager, la que dirige, la que canta, la espontánea, la rígida, la que puede pasar a hablar del tema más escatológico del mundo (cualquiera que vea una entrevista de Anitta verá su pasión por hablar de peos y caca), la profundamente sexual, la que pasa de cantar con Caetano Veloso a Maluma, la que es capaz de responderle a Arcángel cuando hace la división de mujeres para respetar versus mujeres que muestran el culo mostrándole que en la vida todo puede convivir. La que reivindica géneros denostados en Brasil, como el funk carioca, siempre visto como música periférica, música temible; la que se adentra en formas todavía más claras de política: para la campaña de Bolsonaro decidió bloquearlo de Twitter porque entendió que la lucha se ganaba al no darle visibilidad. La que dijo que votaría por Lula en un género en el que podría contar con los dedos quienes se han pronunciado políticamente y se dedicó a hacer campaña para que la gente más joven fuera a votar. Anitta, la chiquilla que partió a los dieciséis años subiendo un video a YouTube cantando con un micrófono que en realidad era un desodorante y fue descubierta así. Uno de sus productores cuenta: "Era una chica que venía de la ciudad de Honorio, de la nada, DE LA NADA".

Lo he ido deslizando pero lo resumo: a veces andar a lo Ivy, a veces andar teatral a lo "Noche de sexo", a veces pegarse como Rauw, a veces tener un modelo de baile a seguir con el paso de Anitta.

*

Todo lo que he dicho podría matizarse porque una virtud o gracia del perreo es que no requiere modelos de baile. Quien haya crecido en Chile o Perú de los dos mil recordará un momento que sí lo requirió: el del imperio del Axé en las fiestas y en las playas, cuando estábamos condenados a seguir la coreografía de un *team* veraniego en la que solo encontraban un goce quienes realmente podían con ella. Es decir, los coordinados y coordinadas de este mundo. Esa gente estuvo en su gloria el año 2002, cuando Axé Bahía se presentó en el Festival de Viña del Mar con 67,4 puntos de sintonía.

Al imperio Axé le sobrevino el año 2004, el año de "Gasolina", el año en que fuimos liberados. ¿Quiénes? Los bailarines torpes, descoordinados, sin memoria para incorporar pasos que, si no eran exactos, desarmaban el baile completo. Es cierto que quien baila bien, baila bien —perdón la obviedad— y bailará mejor reggaetón que alguien que no se sabe mover. Pero quienes bailamos mal, tenemos al menos eso: la posibilidad de bailar mal y no estar confinados a admirar dolorosamente a los coreográficos.

E incluso más.

Ya lo he enunciado, pero quiero sistematizar esta gama de posibilidades de hacer al menos una de estas cosas bien:

a) Bajar hasta el suelo.
b) Pegarnos a alguien.
c) Poner el culo en la zona íntima —no sé de qué otra forma llamarla— de alguien, es decir perrear.
d) O, por último, gritar, vaso en mano, por ejemplo: "ESTA NOCHE CONTIGO LA PASÉ BIEN GUOOOOOOOOOO".

El perreo solo sigue la directriz de la calentura y el protagonismo del culo, no solo en lo físico sino también en las letras. Por ejemplo, pongo algunas:

> Ese culo es de grandes ligas, que Dios te lo bendiga[2].
> Me reporto en tu zona, cada día más culona[3].
> Con ese jeancito cómo te ves de culona[4].
> Ese culo cada vez más *bigge'*[5].

Y El General, en modo más limpiecito, cuando en "Rica y apretadita" dice: "Esas caderas que parecen carreteras". Con la

2. Bad Bunny, 2020.
3. Bad Gyal, 2021.
4. Karol G, Peso Pluma, 2023.
5. Tainy, Young Miko, Jowell y Randy, J Balvin, 2023.

excepción, también muy de grito-con-vaso-en-mano, que hacen Los Cangris:

YO QUIERO LA COMBI COMPLETA.
¿QUÉEEE?
CHOCHA, CULO, TETA.

En esta trinidad que aparece solo algunas veces, las tetas siempre son "hechas", la vagina siempre es "estrecha" y el culo siempre es "natural", vía gimnasio o vía buenos genes, diría Rels B; vía buenos genes como en "Dura" ("¡tú estás dura sin ir al *gym*!) o vía gimnasio y buenos genes, como en "La Baby", donde el *gym* intensifica una perfección que ya existe.

*

"La Baby" es un tema con solo seis millones de visualizaciones en YouTube en casi un año. Nada, considerando que canta Feid, Yankee y Sech, y que el video está protagonizado por Camila Cabello, Becky G y Bad Gyal. De las *babies* del video, me interesa Bad Gyal porque no es como Karol G, Tokischa o Anitta, esa gente que nace con un culo infinito y hecho para el perreo. Bad Gyal tiene un culo acotado, pero forjado, que se ha transformado en uno de los centros de su modo de existir en el mundo.

Cada artista tiene un modo particular de manifestar su poder en el escenario. Daddy Yankee con sus tronos. Anitta, con su paso. Rauw, con el suyo, también de contoneos contra el suelo. Rosalía, con su momento Motomami al mascar un chicle como si despreciara todo. Y Bad Gyal lo tiene cuando hace del meneo de su culo un momento épico y de estruendo. Esto trasciende lo físico. Lo podemos oír en la canción "Perdió este culo", donde el cuerpo es el cuerpo, pero sobre todo es ella y la relación.

Cada vez que entro al club ponen algo mío y
suena tan duro.
Tú te quedas ahí en la esquina escondido
porque has perdido este culo.

Aunque Bad Gyal (y Becky G en "Booty") son excepciones al culo que proponen las letras de reggaetón, muestran algo que pasa en el perreo fuera de los escenarios, ese que pasa en nuestras propias fiestas, y es que todo culo puede ser sexual.

Si esa es la parte que más importa del cuerpo, incluso uno chiquito, al coger, tirar, culiar, chingar; la pose sexual casi siempre es en cuatro:

> Tú te ves cara, *bitchy*, *classy*, en cuatro *fantastic*, más que *problematic*[6].
> Tú tienes una linda, yo feas tengo tres: eso en cuatro no se ve[7].
> En cuatro, BYKA, te agarro por el cuello y te pones *sata*[8].
> Vamos a hacerlo: una, dos y a las tres ponte en cuatro[9].
> Y darte en cuatro el 4 de julio[10].

*

Recién hablé de la particularidad[11] de la "combi completa" enunciada por Los Cangris, que por si alguien no lo sabe, fue el dúo de Daddy Yankee y Nicky Jam en los inicios de sus consagraciones. Hay otra de Yankee —sin Nicky— en el último disco de su carrera preevangélica, *Legendaddy*, que también llama la atención. En medio de un género en el que se reivindican los culos no hechos, Yankee canta en "Remix":

> Está abusando,
> se hizo completa.
> te como desde el *booty* a las tetas.

Estas frases podrían ser algo descriptivo, pero Yankee además muestra preferencia:

> Me gusta más el *remix* que la original.
> Ahora sí que apretaste, te ves anormal.

6. Young Miko, Feid, 2023.
7. Ñejo y Dálmata, J. Álvarez, Luigi, 2012.
8. Alvarito Díaz, Rauw Alejandro, 2024.
9. Polimá Westcoast, Pablo Chill-E, Aron Piper, 2021.
10. Bad Bunny, 2020.
11. Otra particular: "Sin seguro" de Cris MJ, donde hace la promesa de pagarle tetas y culo a la chiquilla que le gusta.

Ahora sube la foto *pa'* que la vean.
Tiene a *to'* el mundo loco, pero pichea.

Quienes escuchamos no pensamos solo en el cuerpo como manifiesto de Yankee, sino también en un manifiesto musical. Quien pega un palo, logra su *remix.* Y aquí daré algunos ejemplos en los que me pliego a DY —me gusta más el *remix* que la original— y otros donde me gusta más la original que el *remix.*

## Me gusta más el remix que la original

| Canciones | ¿Por qué? |
|---|---|
| "Escápate conmigo"<br>WOLFINE, ÑEJO<br>**Versus**<br>"Escápate conmigo"<br>WOLFINE | Es simple. Todo tema en el que participe Ñejo pasa de bello a sublime. |
| "Marisola *remix*"<br>CRIS MJ, DUKI, NICKI NICOLE, STANDLY, STARS MUSIC CHILE<br>**Versus**<br>"Marisola"<br>CRIS MJ, STANDLY, STARS MUSIC CHILE | La unión Chile-Argentina emociona y la incorporación de más voces —sobre todo la de Nicki Nicol— diversifica y aumenta la sensación de pleitesía y amor a Marisola. |
| "Relación *remix*"<br>SECH, ROSALÍA, DADDY YANKEE, J.BALVIN, FARRUKO<br>**Versus**<br>"Relación"<br>SECH | La original de Sech es irreprochable, pero las frases de Balvin y Rosalía aumentan la sensación de que el tipo del que se habla es un estúpido y, de nuevo Rosalía pero esta vez con Yankee, hacen pensar que ella está recuperada, poderosa. |
| "La Bebé *remix*"<br>PESO PLUMA, YNG LVCAS<br>**Versus**<br>"La Bebé"<br>YNG LVCAS | La virtud del *remix* se nota desde el principio: Peso Pluma tiene una voz más versátil de lo que se suele pensar y aquí sale de la nasalidad para ser absolutamente sensual. Además, acude a una acentuación que siempre funciona en las canciones: la esdrújula (desafánate, loca, luego empápate, de mi cuerpo mójate). |

## Me gusta más la original que el *remix*

| Canciones | ¿Por qué? |
|---|---|
| "Ultrasolo"<br>POLIMÁ WESTCOAST Y PAILITA<br>**Versus**<br>"Ultra solo *remix*"<br>POLIMÁ WESTCOAST, PAILITA, PALOMA MAMI, FEID, DE LA GHETTO | Si bien en el *remix* está la frase inolvidable de Paloma Mami —"ultrasola, ultrarrica: perdiste senda gatita"— precisamente esa seguridad nos pierde de la gran virtud de la original: su aceptación total de la derrota. |
| "Una noche en Medellín"<br>CRIS MJ<br>**Versus**<br>"Una noche en Medellín *remix*"<br>KAROL G, CRIS MJ, RYAN CASTRO | El diálogo entre Karol G y Cris MJ tiene menos potencia que el ofrecimiento amoroso de Cris MJ en la original. Además, la incorporación de Ryan Castro y el monólogo de Karol provocan una clase de "el que mucho abarca, poco aprieta". |
| "Danza kuduro"<br>DON OMAR, LUCENZO<br>**Versus**<br>"Danza kuduro *remix*"<br>DON OMAR, DADDY YANKEE, ARCÁNGEL | En teoría el *remix* perfecto. Y esa teoría es la que le juega en contra: las expectativas no coinciden con la práctica. |
| "Besos mojados"<br>WISIN Y YANDEL<br>**Versus**<br>"Besos Moja2 *remix*"<br>WISIN Y YANDEL, ROSALÍA | Tal vez sea injusto preferir una porque ambas son magníficas y responden a sensaciones distintas. Pero yo misma me puse en este juego, así que no me queda más que decir que la original tiene la potencia de la tristeza bailable —más conocida como perrear y llorar— y Wisin y Yandel hacen un junte perfecto que Rosalía distrae siendo demasiado protagónica, algo poco funcional a la canción que deriva en que den menos ganas de perrear aunque queden intactas las ganas de llorar. Además, el arpegio inicial de la original es una intro maravillosa y tanto Wisin como Yandel se muestran en sus modos más Wisin y más Yandel posibles. ¿Qué significa esto? Mientras Wisin declama que es el "DOBLEÚ, EL MACHUCAPAPA", Yandel —en algo más parecido al susurro— dice: "¿Cómo te va? Hace tiempo que no sé nada de ti"[12]. |

12. Recomiendo revisar una interesante historia en el instagram @reguetonrenacentista que habla de una joven que fue despedida de su trabajo por culpa del machucapapa.

++++++++++++++++++++++++++++++++++++++++++++++++

*Pa'l carajo te mandé*

BAD BUNNY, OZUNA, NICKY JAM,
DARELL, CASPER, NIO GARCÍA, "Te boté"

En 2019 se convocó a un perreo combativo para pedir la renuncia del gobernador de Puerto Rico. Se habían filtrado ochocientos ochenta y nueve mensajes de Telegram entre Ricardo Rosselló, el gobernador, y sus asesores. Eran mensajes homofóbicos y misóginos, por lo bajo. En uno de ellos un representante del Gobierno escribió: "Ricky Martin es tan machista que se folla hombres porque las mujeres no dan la talla". Luego de la filtración, Puerto Rico entero protestó para que Rosselló renunciara. En esas protestas estuvieron Residente, Bad Bunny, Ricky Martin, Daddy Yankee, iLe, Wisin y Luis Fonsi.

Y Rosselló renunció.

Así, tal como la cuento, fue cómo percibí la noticia entonces. Mucho menos tremenda, compleja y dolorosa de lo que había sido la vida. Incluso sentí algo de envidia: tenían a Bad Bunny y a Daddy Yankee para hacerse visibles. A DADDY YANKEE, cuya característica central no era pronunciarse políticamente. Y, junto con todo, Rosselló sí había renunciado.

También había mucho más que el mensaje sobre, pero me detuve en él. Supongo que los medios que no eran de Puerto Rico le dieron mucha importancia porque era el único famoso que todas y todos reconocíamos. Además, que pocas veces se ve que una estrella, una estrella sexual, salga del clóset. Y esa salida hizo que una pensara en todos los años que estuvo dentro, siendo feliz a medias o absolutamente infeliz. Y ese pensamiento generaba una conmoción que además se unía al hecho de que Ricky Martin no solo fuera una estrella sexual sino LA estrella latina.

Era el Mundial de Francia 1998 y Ricky cantaba "La copa de la vida", que luego iba a corear en los Grammy de 1999. Pero Mike Greene, el director de los premios, no quería que se presentara. Aunque Ricky estuviera nominado por un disco que había vendido diez millones de copias en el mundo, encontraba que era un "desconocido". "Desconocido" para quién y por qué: para los gringos por no ser gringo o, al menos, no cantar absolutamente en inglés. "La copa de la vida" era una canción bilingüe. Demasiado español para que Mike Greene soportara, pero Tommy Mottola —presidente de Sony, famoso por muchos motivos que si menciono harían eterno este desvío— lo convenció. O más bien le dijo que si no dejaba cantar a Ricky, todo Sony —tal vez, quizás, quién sabe— no iba a involucrarse en la ceremonia. Además convenció al director de CBS de que Ricky Martin tenía que ir sí o sí.

El Ricky-Grammy-Gate lo cuenta Leila Cobo, la vicepresidenta de la parte latina de Billboard, en su libro *La fórmula "Despacito"*. También cuenta que la presentación de Ricky Martin fue tan avasalladora que preparó de forma perfecta el terreno de lo que iba a ser "Livin' la vida loca", que vendió más de veinte millones de álbumes, empezó a hacer mundial lo latino y ha sido definida como el "Despacito" de su época. "Sin «La copa de la vida» no existiría «Waka Waka»" es un tipo de frase de la que no soy fan porque qué sabe una lo que habría pasado, pero cada latina y latino que abre paso se transforma en un santo de la Nueva Religión. Selena, Shakira y nombrar a todas aquí de nuevo haría mucho desvío, así que vuelvo al reggaetón, a Puerto Rico y a los mensajes de Telegram, que además de homofobia y misoginia, tenían mucha crueldad.

"Ahora que estamos en el tema, ¿no tenemos algunos cadáveres para alimentar a nuestros cuervos?". Esto lo escribió otro asesor de Rosselló en el chat. Y esos cadáveres eran los de los tres mil muertos que dejó el huracán María en Puerto Rico el año 2017, cuando Rosselló llevaba poco de gobernador. Tres mil cincuenta y nueve, si me ciño a la cifra de Wikipedia, pero hay un estudio de Harvard que dice que fueron cuatro mil seiscientos. Durante un tiempo el Gobierno de Rosselló reconoció solo dieciséis porque tal vez reconocer más era reconocer la propia negligencia y la negligencia de Estados Unidos. Dos semanas después del huracán, Trump fue a Puerto Rico. En la visita a un centro de ayuda en San Juan, le lanzó rollos de papel a la gente y dijo que habían tirado el presupuesto de Estados Unidos "por la borda" y tenían que estar agradecidos de no haber tenido tantos muertos como en una tragedia "real", el huracán Katrina, por ejemplo. Rosselló está junto a él, con una cara que esconde quién sabe qué. Trump le pregunta cuántos muertos hay y Rosselló contesta que dieciséis. Más tarde reconoció que sesenta y cuatro. Y tiempo después a los tres mil. Los sesenta y cuatro eran una consecuencia directa del huracán. Los tres mil, una consecuencia de ser la colonia olvidada por Estados Unidos y del manejo del mismo Rosselló. El huracán provocó el corte de electricidad en los hospitales y los generadores no fueron suficientes. Más de la mitad de los setenta y un hospitales de Puerto Rico funcionaban a medias o no funcionaban y las carreteras estaban cerradas, no había gasolina/bencina/nafta. En el pódcast *Radio Ambulante* cuentan que un hombre que tuvo un accidente en bicicleta llegó a un hospital y lo encontró cerrado, entonces tuvo que moverse a otro hospital y murió en el camino.

Voy al 2019. Rosselló había aprendido a cambiar su actitud y criticaba a Estados Unidos por la falta de ayuda. Pero entonces vino la filtración de Telegram. Una fuente anónima llegó con los chats donde Omaya Sosa, del Centro de Investigación Periodístico. Omaya cuenta en *Radio Ambulante* que la fuente nunca le había fallado. De las ochocientas ochenta y nueve páginas del chat, le muestra solo diez, diciéndole que le había entregado lo mismo solo a tres periodistas más en los que confiaba. Omaya espera, cuidadosa. Son pocas páginas y no sabe lo que tienen las demás. Pero los otros periodistas publican y empiezan algunas manifestaciones, todavía contenidas, de los puertorriqueños. Entonces aparecen más chats, pero son falsos, probablemente para decir una especie de "miren, todo es mentira, están intentando manchar al Gobierno". La fuente anónima vuelve a acercarse a Omaya y le entrega todas las páginas. Omaya corrobora con un compañero de trabajo que tiene otra fuente muy distinta, pero que coincide en cada cosa del contenido del chat. De todas maneras, no podían publicarlo así como así. Empezaron a corroborar cada detalle hasta que el sábado 7 de julio deciden hacer una nota breve y colgar las ochocientas ochenta y nueve páginas completas de textos entre Rosselló, algunos funcionarios y otra gente que no era de Gobierno, pero se beneficiaba de la información privilegiada de los chats. Ahí todo explotó. Las protestas se volvieron diarias y encontraron distintas formas.

Tres amigas mayores, sobre sesenta años, tenían un plan —a las mujeres mayores en Puerto Rico se les dice "doñitas" (esto podría ir de nota al pie: solo que me gusta mucho como para que tal vez nadie lo lea)—. El plan era ir y sacar el cuadro de Rosselló y dejarlo tirado en el piso. Entraron a La Fortaleza al mediodía, había poca gente, dudaron hacerlo porque el asunto requería público; pero ya estaban adentro, así que siguieron. Una de las amigas, Lourdes, tomó el cuadro y lo puso en el piso, mientras otra de las doñitas cantaba la canción que usé de epígrafe para este capítulo: "Te boté, te boté, de mi vida te boté". No importó que hubiera poco público porque todo es viralizable por internet, y eso pasó. El video estaba colgado en todos lados y mucha gente empezó a ir a la oficina de Gobierno que les quedaba más cerca para hacer lo mismo y postearlo. Otros se llevaron el cuadro con la foto e iban con él a las marchas, que pedían la renuncia de Rosselló, sumando más reggaetón:

Quiero la combi completa.
¿Qué?
Renuncia,
Ricky,
puñeta.

Él no pensaba renunciar. Echó a la gente que participaba del chat, y medio que desapareció, mientras las marchas seguían. A veces aparecía repitiendo siempre el mensaje de la no renuncia, hasta que una marcha de setecientas mil personas —la más grande en la historia de Puerto Rico— comenzó a darles un viraje a las cosas. Residente estaba en esa marcha y se acercó a la policía, que estaba detrás de unas barricadas de cemento, para decirles que no tiraran lacrimógenas porque había niños.

Su fama hizo que llegaran la tele y los medios, y que todo se encendiera más. La gente esperaba que Rosselló saliera, pero él insistía en su ausencia.

Cualquier chileno y probablemente cualquier persona de Latinoamérica que esté leyendo esto debe estar viendo reflejada la historia particular de cada país subdesarrollado en esta historia y un momento, el de un país con complicaciones y precariedad que precede al instante en que las cosas estallan.

Así ocurre cuando las cosas son manejadas de la peor forma por el líder más inepto posible: Ricardo Rosselló, que no salió de La Fortaleza. Sí lo hizo un funcionario para decir que en apenas unas horas el gobernador saldría a dar un mensaje. Unas horas fueron varios días y la gente empezó a temer que nunca renunciara. El 25 de julio salió a dar un mensaje que transmitió por Facebook en el que enumeraba sus logros en el Gobierno y que terminaba en declarar lo siguiente: "Con desprendimiento hoy les anuncio que estaré renunciando al puesto de gobernador efectivo el viernes 2 de agosto del 2019 a las cinco de la tarde".

Hubo fiesta en la calle y en redes sociales. Y si Dios, el karma o las coincidencias impresionantes existen, la obligación de su renuncia lo demuestra. Bad Bunny, iLe y Residente habían hecho la canción “Afilando los cuchillos” durante las protestas, una tiradera a Ricardo Rosselló:

> Tú no eres hijo del cañaveral, escoria.
> Tú eres hijo del cabrón más corrupto de la historia.

El cabrón más corrupto era Pedro Rosselló, gobernador desde 1993 al 2001, que censuró al Género bajo el plan “Mano dura contra el crimen” en 1995.

++++++++++++++++++++++++++++++++++++++++++++++++++

*Tal vez mi música no sea sana*
*Pero yo no me inventé ni el sexo, ni la marihuana*
EDDIE DEE, "Censurarme por ser rapero"

Eran las cuatro o cinco de la tarde de un día a mediados de los noventa cuando un grupo de disqueros tuvo que correr a su almacén para sacar todas las copias de *The Noise 2* y de *Playero 37* y *Playero 38*: veinticinco mil casetes y diez mil CD, así que les tomó hasta las tres de la mañana poder llevarse la mercancía a un pueblo que quedaba cerca de San Juan. Se estaban escondiendo de la policía, que hacía redadas para sacar los discos y pasarles multas de quinientos dólares a quienes estuvieran escuchando ese protoreggaetón, entonces conocido como el *underground*, una mezcla de rap, *dembow* y *reggae* que todavía no tenía la forma de canciones como "Gasolina".

El culpable de las redadas era "el cabrón más corrupto de la historia", Pedro Rosselló, a quien no le importó tener la mayor cantidad de casos de corrupción de todos los gobiernos de Puerto Rico, como considerar que la música del *underground* corrompía por cochina y era promotora de las drogas y la delincuencia, asociándole a los ciudadanos negros y de clases populares.

Por eso Ivy Queen cantaba la canción con la que se probó con DJ Negro, "Somos raperos, no delincuentes":

Por eso en 1995 Daddy Yankee cantaba:

> Ellos buscan la manera de estar fabricando casos.
> Tú le dices es abuso oficial.

Tal como el mundo iba a dividirse en Daddy Yankee y Don Omar, en esos días la división era entre productores: DJ Playero y DJ Negro. Cada uno en su propia casa hacía funcionar un estudio pequeño donde grababan a *chamaquitos* que recién partían.

Diré algo que ya dije, pero es que mi memoria es frágil, así que prefiero pensar que la de los demás también: en las grabaciones en su marquesina, DJ Negro descubrió a Ivy Queen y produjo a Vico C. DJ Playero, por su lado, descubrió a Yankee y le atribuye a su *mixtape Playero 34* la creación de la palabra "reggaetón", precisamente en una canción de Yankee. Pero DJ Nelson dice que fue él quien realmente nombró al reggaetón como reggaetón —año 1996— porque no solo lo dijo, sino que también lo escribió: re-ggae-tón. No reguetón. Cuando le preguntan por qué, responde: "Nosotros los puertorriqueños hablamos español e inglés a lo loco".

La lucha por ser el primero no era solo un asunto de puertorriqueños. Tal como con la pelea Chile-Perú por el pisco sour, Panamá y Puerto Rico disputaban la creación del reggaetón, no en la palabra pero sí en el estilo musical. Esta es la historia de siempre. Pasó con el rap en Estados Unidos —que de género rechazado llega a ser pop— o la *bomba* en Puerto Rico, que de ser mal mirada pasó a tener un día en el calendario en el mismísimo Congreso. Daddy Yankee supo profetizarlo en el documental *Straight Outta Puerto Rico:* "Yo veo lo mismo que en el rap", dice, explicando con su calma de siempre que así mismo van a ser grandes. Grandes de una forma que nadie se espera.

Pero voy a un antes de Daddy. Voy a Panamá.

"Me rehúso": este tema queda curiosamente adherido en este capítulo, pero no lo puedo saltar. "Me rehúso" (BABY NOOO, ME REHÚSO A DARTE UN ÚLTIMO BESO, ASÍ QUE GUÁRDALOOO) no es una canción de izquierda ni de los comienzos del Género ni que vaya contra la opresión policial. Tampoco es una canción que hable directamente de política, pero sí se mueve en ella. O se mueve un amor en un contexto político. Su autor, Danny Ocean, la hizo famosa el 2017, formando parte del *team*-no-puertorriqueño que le daba vitalidad al género. Ocean hablaba de su propia vida: un venezolano que migraba del régimen de Maduro a Miami dejando a una novia en Venezuela. Hay otro tema todavía más inesperado, que no se me hubiera ocurrido si la periodista Leila Cobo no lo dice: "Despacito", que no tiene ninguna pretensión política, reivindica la fuerza latina en pleno auge de Trump.

# III

# NUEVA RELIGIÓN

RENATO Y EL GENERAL

+++++++++++++++++++++++++++++++++++++++++++++++++++

*Mami, juro que nuestro destino*
*será construir un mundo latino*
RENATO, "La chica de los ojos café"

Cuatro cosas para no olvidar: Es 1980. Estamos en la Zona Canal de Panamá. Renato tiene un amigo que se llama Franquito. Renato está aprendiendo español.

Antes de eso, solo hablaba inglés y se la pasaba jugando béisbol y fútbol americano, y vivía en una casa linda en un extrañísimo sueño americano que sucedía en un lugar todavía más extraño —la Zona Canal de Panamá— que le perteneció por un tiempo largo a la Armada de Estados Unidos, pero no le daba la ciudadanía a gente como Renato, y gente como Renato significaba: descendientes de jamaiquinos que llegaron a trabajar a la Zona Canal y que no tenían el mismo estatus que un gringo. El extrañísimo sueño americano terminó cuando Estados Unidos le devolvió la Zona Canal a Panamá, echó a todos sus empleados, y Renato y su familia dejaron el inglés, la casa linda, el béisbol y el fútbol americano para vivir en Río Abajo, un barrio negro con casas menos lindas, pero un montón de discotecas en la Ciudad de Panamá. En el barrio conoció a Franquito y empezaron a ir a las discos a escuchar *reggae* y *dancehall*. Una madrugada, más o menos a las tres, un DJ le dijo a Renato que encendiera la disco, que se subiera a la tarima, que dijera algo. ¿Qué? Cualquier cosa, que levanten las manos, que muevan el culo. Renato obedeció. "Ahora dilo en español". Renato obedeció otra vez y el público se volvió loco, desbordado por oír su idioma propio. De ahí partió la mejor idea posible. Renato, Franquito y sus amigos empezaron a hacer casetes con versiones en español de canciones *reggae* y se los pasaban a los conductores de buses para que los pusieran en sus viajes. No eran buses cualquiera. Los "Diablos Rojos" partieron como buses escolares gringos, luego se reciclaban en Panamá y se pintaban con cara de cantantes y frases, andaban muy rápido y —lo más importante— tenían parlantes tremendos. Al bajar de los Diablos, los pasajeros preguntaban por el casete y Renato, Franquito y los amigos se los vendían. Los conductores empezaron a pedirles canciones personalizadas del tipo "hazme un tema que diga que soy el mejor conductor". Los casetes pegaban mucho en el mundo negro de Panamá, pero los blancos encontraban que todo esto era música de chombo y la palabra "chombo" no es un elogio, sino una forma de decir delincuente. *Reggae*, negros, *dreads* y delincuencia, se transformaban en lo mismo para la policía. Entonces, Renato introdujo algo que cambió la historia. Una canción de amor con un video en el que Renato desde una ventana que da a la calle, dice:

> ¿Recuerdas cuándo te conocí?
> ¿Recuerdas lo que te dije?
> Que eras mi chica de los ojos café.

Es 1987. Hace menos de diez años dejó el inglés y ya estaba haciendo el primer *reggae* que existe en español. "La chica de los ojos café" no solo caló en Panamá, también salió del país. Aquí, una vergüenza personal que ilustra la frase: hasta recién, yo creía que la canción era de Los Fabulosos Cadillacs, que hicieron una versión en 1990. A pesar de la vergüenza, la existencia de esta versión es algo precioso, porque Renato ahí cantaba:

> Mami, juro que nuestro destino
> será construir un mundo latino.

Franquito era de la banda de Renato, pero decidió olvidar la música cuando se fue a estudiar a Nueva York en 1985. "Si me va bien, te mando a buscar", le dijo a su amigo.

Al principio, no le fue bien. Tenía tres trabajos para vivir y nada de tiempo que usaba para ir a las fiestas que se hacían en Brooklyn, llevando su sistema de sonido, al que bautizó como "El soltero" —no olvidar este nombre—, y de ser el amigo que lleva la fiesta a subirse a *freestylear* no pasó mucho; y de subirse a *freestylear* a ser fichado por Sony tampoco pasó tanto. De pronto Edgardo Franco pudo dejar sus tres trabajos y dedicarse a ser El General a tiempo completo.

Hago una pausa acá para digerir esto.

El General. El mismo que iba a cantar "Rica y apretadita".

¿Por qué El General?

Hay dos versiones que quizás se encuentren: la primera es porque era el mejor entre todos, así que lo llamaban por el rango más alto. La segunda es porque todas sus *performances* eran vestido de militar. El General no solo hacía sus propias canciones, sino también reversionaba temas como "Dembow" de Shabba Ranks a "Sonbow", una canción que —igual que la original— tenía al menos dos características: la primera era que se reía de los gays ("mariflores") y la segunda es que ayudó a forjar el Género. Y esto queda más en la memoria que lo primero, intuyo. Porque igual que todas las y los grandes, El General ha sido citado en canciones que vinieron después. ¿Recuerdan cuando Karol G canta que nadie puede con su "pum pum" en "El makinón"? Dos décadas antes, El General cantaba "tu pun pun no me va a matar". El uso del término pun pun —o pum pum— no es casual, por si están pensando que fuerzo la lectura —sepan perdonar, soy paranoica— y lo vemos en que Karol tiene otro tema que se llama tal cual, "Tu pum pum".

Hay algo que tal vez sí es casual, pero de las casualidades muy particulares. El mismo año que salió "Gasolina" —2004— El General desapareció del mundo musical para luego volverse testigo de Jehová y hacer su reaparición en una entrevista en la que dijo que toda su música había sido inspirada por el diablo. También pidió perdón por hacernos caer al mal con eso. Temprano para su salvación y perfecto para nuestra alegría. El diablo, que es magnífico, ya nos había dado al primer origen del reggaetón.

*

En Puerto Rico, igualito que en Panamá, los casetes y CD de Playero y Negro eran hechos artesanalmente, repartidos por ellos mismos y promocionados con pósteres también artesanales. Por eso, en parte, el nombre de *underground*. E igualito que Panamá, perseguido por la policía. No quiero repetirles los párrafos anteriores porque tampoco la memoria es tan frágil, así que solo decir que el *underground* tuvo su triunfo. Como la policía confiscaba sin que hubiera alguna ley que lo permitiera, tuvo que devolver los casetes y CD a las tiendas de discos. Y hubo un cambio. DJ Playero y DJ Negro empezaron a sacar sus *mixtapes* con una portada que decía "Clean Lyrics" y, en efecto, eran más limpiecitas.

*

Avanzo hasta el 2002, justo un año después de Pedro Rosselló y un año antes de *El Abayarde*, de Tego Calderón, un disco que iba a cambiarlo todo; para citar una cuña que me da rabia y risa, y que define al perreo: "La mujer estruja sus glúteos contra los genitales del hombre, imitando las relaciones de los perros en la calle". Eso lo dijo Velda González, una senadora que, por una parte, luchaba por los derechos de la mujer y, por otra, era muy religiosa.

Todo partió cuando escuchó una canción de Charlie y Felito —los Point Breakers— que le pareció tremendamente ofensiva. "Abre puta, abre perra", decía. Además, según Velda, llegó una madre que se había topado con su hija en un video de reggaetón casi sin ropa. Entonces Velda decidió legislar y aprobó una ley que no lo censuraba, sino que obligaba a volver a limpiar las letras. "Ofensiva legislativa contra el perreo", fue la portada de un diario de entonces. Velda logró lo que quería, al menos en parte, y al año siguiente estaba bailando al ritmo de Héctor y Tito, diciendo que las cosas sí se podían hacer bonitas.

"Velda González nos dio la mejor promoción, porque le creó la curiosidad al mundo entero. Hay que agradecérselo", dijo Ivy Queen. Entre el 2002 y el 2003, las ventas crecieron hasta llegar a casi cien mil unidades al mes.

Cierro esta página tal vez abruptamente. Es que resulta importante —aquí, ahora— hablar de Tego Calderón.

TEGO CALDERÓN

Voy camino en Uber a El Punto Sabroso, San Juan, Puerto Rico. Tito me citó allí y ando medio tímida porque nunca lo he visto en mi vida y siempre es inquietante el momento de buscar a alguien que quizás si entendió que tú eras tú y está siguiéndote la mirada de *perkin* o perdida que pones al buscarlo. Pero el encuentro fue fácil, supongo que porque soy la única a la que no conoce. Tito es amigo del esposo de una amiga y me engancharon con él porque sabe mucho de reggaetón y mucho de Puerto Rico —está haciendo un documental sobre la descolonización de Puerto Rico—, y me trató como si yo también fuera su amiga.

"Aquí a la naranja se le dice china", me cuenta y pide un jugo de china en la barra. Rápido, trato de resignificar la canción "China" de Anuel pero no logro mucho. Rápido, me tomo el jugo y pido un cortito de ron. Subimos las escaleras de El Punto Sabroso, un bar grande o disco pequeña en la que hay un calor húmedo que amo. Toca un tipo que se llama Batajohn, con una banda que es casi pura percusión que mezcla tambores pequeños, de mano, y tambores grandes.

"La mezcla de bomba con plena", me dice Tito, que luego del concierto me hace una clase de lo que no sé, y la verdad es que sé nada.

Primero vino la bomba, la herencia musical de los africanos que fueron esclavizados en Puerto Rico, un ritmo inusual porque el baile guiaba la percusión y no al revés. En él canalizaban todo. La felicidad, el sufrimiento y la conspiración contra los patrones para planificar fugas o quemas de cañaverales. Y ahí, en Puerto

Rico, encontraba la originalidad de que el canto fuera en español y luego se mezclara con otros ritmos. Como con Batajohn, que le metía *flowcito* reggaetonero. O muchos años antes, con Tego Calderón en el disco que cambió la historia del reggaetón: *El Abayarde.*

"Siéntate acá", Tito me ofreció una silla de plástico junto a Abrante, un corista de Tego que ahora hacía su propia música.

Abrante estaba de cumpleaños y tenía un concierto a dos horas de distancia, pero me dio el tiempo para hablarme de su carrera y hacerme entender que no importaba que Tego diera pocas entrevistas —encontré un puñadito en internet y casi ninguna porque sí, todas eran por la promoción de algún disco—, total el mundo entero hablaba de él, venerando.

"Para mí, es mi papá", dijo Abrante.

Ñejo, bien recordado por uno de los mejores dúos del Género —Ñejo y Dálmata— ha dicho: "Ver a Tego era como ver a Jesucristo".

Vico C dijo: "Este lo cambió todo. Y me hizo sentir un poquito de intimidación también".

*

Abrante conoció a Tego el 5 de octubre del año 2002. Homenajeaban con música al salsero Ismael Rivera, que había nacido el 5 de octubre de 1931. Tego estaba de público y se fue cuando terminó la música, pero Abrante pensó que no podía perder su oportunidad y se acercó a decirle que le metiera tambores —es decir, bomba— a *El Abayarde,* que iba a salir en diciembre de ese año.

"El disco está cerrado", le respondió Tego.

Días después le dijo que había abierto el disco para meter dos interludios. En uno de ellos se escucha:

Aquí llegó.
Aquí llegó.
Aquí llegó el maestro.
Llegó Tego Calderón.
Con nosotros los mulatos.
Llegó Tego Calderón.

Abrante dice que de atrevido le ofreció a Tego ser su corista y viajó por el mundo con él hasta que lo echaron por razones que prefiere dejar misteriosas —"cosas que pasan"—, y no es que no haya importado, pero al menos ya había influido en el disco. *El Abayarde* tenía bomba, tenía rap, tenía salsa, tenía reggaetón, era inclasificable como suelen ser muchos de los mejores discos, y Tego contaba en entrevistas que le emocionaba que los *chamaquitos* recuperaran la tradición de la bomba o le dijeran que esas eran sus partes favoritas del disco. Lo del reggaetón corría con otro sentimiento: "No puedo negar que el reggaetón me ha dado mucho éxito en la vida y me ha llevado hasta donde estoy. Tengo una relación muy rara con él".

Hacer reggaetón no estaba en sus planes. La sugerencia había sido de un amigo y se había concretado un poco antes de *El Abayarde* en "Cosa buena", un anticipo de cómo iba a arrasar y el origen de una mala suerte que le trajo otra buena. Para la grabación del video habían pasado dos cosas: un día antes se había accidentado y le habían puesto yeso, y la peluquera que iba a peinarlo con trenzas faltó. Tuvo que dejarse el afro, algo que nadie llevaba en el Género y se volvió un sello tan contagioso que muchas peluquerías lo ponían en sus vitrinas.

Mucho de *El Abayarde* fueron desgracias que terminaron saliendo bien. Elías de León, más famoso como Elías White

Lion, cuenta que conoció a Tego Calderón gracias a Eddie Dee. Aquí, un paréntesis sin paréntesis: como Eddie había peleado con Daddy Yankee por los derechos de "Gasolina", Tego nunca le ha tenido buena a Yankee. Cierre paréntesis.

Por esa época en que Eddie Dee lo presentó, Tego era taxista, así que llegó manejando donde Elías.

"Mira, métele ahí Tegui", le dijo Eddie Dee para que cantara. Tego impresionó a Elías, pero no podía ficharlo porque entonces el reggaetón no daba la plata que da hoy y —según dice— no tenía más de seis mil dólares en la cuenta. Tego iba a cambiar la historia, pero aún estamos con Elías pensando cómo ficharlo.

"El abayarde es un insecto bien molestoso, bien pequeñito. En Puerto Rico se llama así a los niños inquietos y mi abuela siempre me lo llamaba", contó Tego en una entrevista con Jaime Baily, y él mismo se había transformado en el abayarde de Elías, que se había tenido que ir a Estados Unidos a producir hasta que pensó "yo quiero trabajar con este cabrón", volvió a Puerto Rico y dice que le ofreció a Tego cinco mil de sus seis mil dólares. Él le respondió que lo iba a pensar. Se demoró lo suficiente en decir que sí como para que a Elías le quedaran tres mil dólares. Volvió a decir que sí, pero luego lo llamó para contarle que le habían ofrecido quince mil dólares. "Y cabrón me quedé bien triste esa noche", cuenta.

En la mañana tenía una llamada de Tego.

"Mira, cabrón. Te voy a hacer una pregunta. ¿Tú estás pa' mí? Pa' que sepas que no cogí los quince, vamos pa' encima pero no me falles nunca".

Ese día fueron al estudio y grabaron el primer tema de *El Abayarde*. El disco vendió cincuenta mil copias, lo logró meter en Estados Unidos y tenía "Pa' que retozen", un reggaetón impecable con cuatro características que debo mencionar. Es la canción con más reproducciones de Tego, suena inusualmente bien en términos de producción, tiene una de las mejores intro del Género y, si es que existiera un récord *Guinness* del tema más sampleado del reggaetón, seguro gana; la frase "pa' que se lo gozen" o la misma "pa' que retozen" o "si las más putas son las más finas" aparecen en muchísimas canciones.

Toda la gente con la que hablé en El Punto Sabroso —Tito incluido— coincidía en que el reggaetón es de Puerto Rico y no de Panamá, y en que Tego fue más importante que Yankee para la salida del Género desde la isla al mundo. Y aunque *El Abayarde* haya significado tanto, Tego no lo nombra entre sus puntos de giro de vida. En cambio, nombra su infancia y adolescencia en la Escuela de Música de San Juan, su padecimiento viviendo en Miami y su viaje a Sierra Leona, África.

Su mamá era profesora de castellano y su papá —Esteban Calderón— epidemiólogo. Si Tego es Jesucristo para Ñejo, Esteban Calderón es Jesucristo para su hijo. Un hombre que le enseñó a ser de izquierda, creer en la independencia de Puerto Rico y que le pavimentó el camino al arte matriculándolo en la Escuela de Música de Puerto Rico, donde —eso sí— a Tego estaban siempre a punto de echarlo porque le iba pésimo en solfeo. También fue por su papá que se tuvo que ir a Miami por su trabajo de epidemiólogo a investigar sobre el VIH, aunque el colonialismo de Estados Unidos fuera odiado por la familia.

Tego llegó a Miami siendo rockero y volvió a Puerto Rico rapero. El punto fue en un concierto de Slayer: "Me doy cuenta de que soy el único negro porque están *mosheando* y ni me tocan", cuenta riéndose aunque entonces no le daba risa. En sus palabras, sentía furia porque en el colegio tampoco calzaba: los puertorriqueños lo encontraban muy negro y los negros de Estados Unidos demasiado latino. Lo que buscaba lo encontró trabajando en un supermercado, robándose todos los casetes que tuvieran en sus carátulas a artistas negros, siempre raperos. Por eso quiso escribir en inglés. Hasta que volvió a Puerto Rico a principios de los noventa. En otra entrevista cuenta que poco después estuvo en la cárcel, prefiere no decir por qué pero lo nombra como "chocar con la vida" y no encuentro nada sobre ese periodo salvo que Tego se conmueve porque su papá lo quiso aun en ese tiempo. Luego de la cárcel dejó la idea de escribir en inglés y empezó a enraizarse como latino.

Esto me hace pensar en su viaje a Sierra Leona, poco después de que muriera su padre. Lo llevó una documentalista dominicana que también lleva a Kanye West y Raekwon de Wu-Tang Clan para que conozcan el negocio de los "diamantes de sangre". Sierra Leona había pasado diez años de guerra civil y la compra de armamento venía de los diamantes. Tego supo de las mujeres violadas, de los niños reclutados como soldados, visitó centros de amputados por la guerra y volvió a Puerto Rico siendo otro —cuenta—, así que se apartó de la estética reggaetonera abandonando el *bling bling* y sacó un disco que la crítica considera más denso que lo anterior. Pero de todos modos metió un perreo con Yandel, recordando algo que le había dicho su papá: "Primero ponlos a bailar y después grita". Tego siguió el consejo hasta el año 2015, cuando sacó su último disco.

Hoy veo entrevistas con la sensación de que quienes hablan de su retorno como se habla de la segunda venida de Jesucristo: veneración, sobrecogimiento y expectación. El año pasado sacó "La receta", un tema de reggaetón, haciendo adivinar un nuevo disco. Tiempito atrás se presentó en el *afterparty* de los premios Billboard. Había aguacero, algo que siempre hace inolvidable un concierto, mientras Tego decía sobre el mismo género del que dijo que tenía una relación rara: "Nosotros inventamos esta pendejá. Respeten".

Pueden pelear conmigo en sus mentes, pero considero que no hay mejores intros que estas:

## Mejores intros

1 **"Pa' que retozen"**, Tego Calderón.

2 **"Salgo pa' la calle"**, Daddy Yankee *ft* Randy: tal vez sea mi favorita —ese arpegio es la música con la que se entra al cielo— pero sería una falta de respeto ponerla primero en la página de Tego Calderón.

3 **"Zundada"**, Zion: el mejor exponente de una de las mejores ejecuciones del reggaetón: los temas con violines.

4 **"Pa' que la pases bien"**, Arcángel: otro arpegio del cielo, que eleva el espíritu y pone a bailar de inmediato en uno de los mejores temas del Género.

5 **"Yo quiero bailar"**, Ivy Queen: un preámbulo del perreo que te da tiempo de llegar a la pista mientras Ivy dice una frase en la que insisto una y otra vez porque es muy misteriosa: "Agarren a sus parejas porque lo que viene no es fácil". ¿QUÉ ES LO QUE NO ES FÁCIL, IVY?

FEID

++++++++++++++++++++++++++++++++++++++++++++++++

*Hey, mor!*
OZUNA *FT* FEID, "Hey mor"

Debe parecer un salto curioso que pase a Feid. La razón es la siguiente: tal como Renato, El General o Tego, sigue claramente con esa construcción del mundo latino. Vamos a él.

Según las aspiraciones personales, el hecho frecuente de ser protagonista de nada puede llevarse de forma serena o inquieta. La mayoría lo lleva serenamente, pero Salomón —o Ferxxo— esperaba otra cosa, fama en serio, quizás porque era el protagonista de la nada más algo que podía existir. Me explico: antes de ser lo que es, vivía en el mundo de la composición y escritura de canciones de gente tan distinta como Ximena Sariñana, Thalía o J Balvin, con el único denominador común de que eran más famosas que él y de que lo tenían viendo la gloria desde lejos.

Como todo tiempo pasado siempre fue peor, hubo algún momento en el que estuvo aún más lejos. En esos días era Rayo —su primer nombre artístico—, lanzaba sus canciones de forma independiente y empezaba a pensar en cierto éxito cuando sus compañeros de colegio le comentaban que habían escuchado sus temas en la radio. Pero no eran sus temas. Había otro Rayo en Colombia, vivía en San Andrés, sonaba en serio. Feid —entonces el Rayo que sonaba en ningún lado— decidió retirarse de una carrera que todavía no había empezado.

No lo hizo, al final.

En cambio se transformó en Faith, luego en Feid, luego en Ferxxo: encontrarse fue un tránsito de diez años en el que estuvo ayudando a que otros se encontraran. Por ejemplo, no es que haya compuesto cualquier canción de J Balvin, sino que estuvo presente en "Ginza", que para el mismo Balvin marca un punto de inflexión en la historia del reggaetón, desviándose de la sexualidad explosiva hacia una sensualidad más serpenteante.

Una precisión: cuando digo *encontrarse,* no es solo un tema de éxito. En su época como compositor, empezó a sacar música, pero —dice— era "un cantante promedio sacando una canción promedio", así que lo de *encontrarse* puede entenderse desde su acepción más jipi: saber verse a uno mismo, recuperar algo que quizás uno nunca supo que tuvo.

Eso hizo.

*

"¿Cuál es la gracia de Ferxxo?", le pregunté a Pablito Wilson, DJ argentino-colombiano y autor de *Reggaetón: una revolución latina*, un libro muy completo sobre reggaetón que recomiendo muchísimo. Mi pregunta iba en serio, no era chaquetera ni mal intencionada —es esencialmente imposible que una chaquetee a alguien que tiene 45.606.795 oyentes mensuales—, solo que me parecía que su mayor virtud era ser el pololo, jevo, novio de Karol G —que no es poco— pero que seguía sacando canciones promedio con su voz genérica, ahora con mucho éxito. Pablito me dijo que era un asunto de identidad. Ferxxo, como nadie, hizo de la jerga de Medellín el idioma de sus canciones que volví a escuchar sin sobrevolarlas, ahora con atención, para empezar a entender qué implicaba haberse *encontrado* a sí mismo.

"Decidí ponerme una arepa con quesito en la mano y decir que yo era paisa", leo a Feid en una entrevista con *Billboard.* Esa arepa con quesito iba a traducirse en su primer disco como Ferxxo: *Ferxxo (Vol.1: M.O.R),* fundando todo lo que es importante hoy en el *Ferrxoverso:*

1. El idioma: usar las palabras "mor", "chimba", "parcero" o "parche" como si todos las entendiéramos, rebelándose a

la idea de que para tener éxito entre los hispanohablantes hay que neutralizar el castellano, una rebelión que el género reggaetón ha sabido llevar. Karol G lo hizo con "Tusa", dándonos un concepto hermoso porque no teníamos una palabra para denominar a la caña amorosa, al dolor después del amor. Ferxxo lo va a hacer en toda su discografía, también agregando la X, una letra que usa seguido para que no pasemos sonámbulos ante los nombres de sus canciones.

2. El color: verde, que por supuesto no viene de algo casual sino que representa los billetes, la suerte que dan los tréboles y las montañas de Medellín, su capital personal.
3. El sonido: un reggaetón más puro o clásico.

Dos años después del disco fundacional, vino *Feliz cumpleaños Ferxxo*, con la mala suerte de que lo piratearan antes de lanzarlo, pero Feid transformó la desgracia en gracia al cambiarle el nombre a *Feliz cumpleaños Ferxxo (te pirateamos el disco)*, para que ahora sí que sí no pasáramos sonámbulos ante el título y poder agendar más fechas a su gira, que se agotaron en menos de veinticuatro horas.

Quizás eso —transformar la desgracia en gracia— sea el real encontrarse a sí mismo de Feid. Ante el pirateo que al principio lo frustró, darle una vuelta divertida. Ante tener una voz genérica que se confunde con la de otros reggaetoneros, armar un mundo muy personal que (perdón la vuelta confusa) tiene la gracia de ser común; y con esto cierro el *Ferxxoverso*:

4. El uniforme: una sudadera o polera, un short a mediapierna, un yoqui y lentes de sol. Una pinta o aspecto absolutamente reconocible y absolutamente imitable. Absolutamente suya y de cualquiera.

Pero aquí no para el tema del castellano. Es necesario que pase a tomar protagonismo el vilipendiado José Osorio, mejor conocido como J Balvin.

J BALVIN

++++++++++++++++++++++++++++++++++++++++++++++++

*Tengo la necesidad de saber lo que piensas*
*cuando piensas en mí*
J BALVIN, "Ambiente"

Esta podría ser una buena historia si es que yo hubiese puesto de mi parte. El 11 de mayo del año 2023 aterricé en Medellín. Al día siguiente conocí a Jorge Iván y Cleiver, los productores del *remix* de "Poblado", que tenía a Karol G + Nicky Jam + J Balvin. Conversamos de reggaetón colombiano y del auge del chileno, pero nada de eso fue tan importante como que Jorge Iván dijera que J Balvin iba a celebrar su cumpleaños ese fin de semana, así que no podía ser casualidad que yo estuviera ahí. OBVIO, NO PUEDE SER CASUALIDAD, pensé. Claro que es casualidad, pensé después. Pasaron dos noches y fui a Provenza, una calle de fiesta que no se parecía a nada que yo hubiera visto, así que me bloqueaba las ganas de compararla con alguna otra calle de fiesta de Chile. Con razón Karol G le puso Provenza a esa canción sobre reencontrarse despreocupada y ardiendo con un amor antiguo. Tomé algo en un bar antes de mi objetivo: Perro Negro, una disco tan famosa que Bad Bunny y Feid le dedican una canción. Le tomé una foto a unas letras de neón que decían "Dale duro". Luego le tomé una foto a un cartel de letras rojas que decía "Nadie vuelve a ser el mismo después de bailar una noche en Perro Negro". Luego me encontré con Jorge Iván.

De Perro Negro recuerdo tres cosas: que seguí tomando, que odié en silencio a una chiquilla que me pegó un codazo en la cabeza mientras bailaba, que Jorge Iván se llenó de entusiasmo y dijo de nuevo que no podía ser casualidad coincidir con la fecha de cumpleaños de J Balvin. Ebria, tampoco me pareció casualidad. VAMOS VAMOS VAMOS, le dije. Primero partimos a un bar que —creo— era de un amigo de Jorge Iván. Vendían mezcales, de eso sí estoy segura. Después del bar nos subimos a un taxi del que nos bajamos al frente del Museo de Arte Moderno. Al parecer Jorge Iván era —es— un hombre de amigos. Amigos útiles. Un amigo con bar y un amigo que nos tenía que pasar a buscar a la entrada del museo para ingresar al estacionamiento en el que J Balvin celebraba su cumpleaños. La calle del museo parecía ser la única calle de todo Medellín en la que corría un viento insoportable que me hizo jurar no esperar más; pero esperé, esperamos, al menos cuarenta minutos hasta que llegó el amigo que nos iba a hacer pasar. Punto para el alcohol: si hubiera estado sobria, no habría podido respirar de nervios. Antipunto: sobria, habría sido más certera con mis anotaciones. Esa noche solo escribí que había murciélagos pintados en el piso, que había muchas mujeres rubias y delgadas bailando junto a una tarima y que el DJ no puso ninguna canción de J Balvin, recordatorio de que los famosos en serio no siempre necesitan frontear. Debí haber anotado más, pero estaba pendiente de buscar trago y de encontrar a J Balvin. Tal vez mi yo usual no lo habría ido a saludar porque quién quiere que una desconocida te moleste el día de tu cumpleaños. Mi yo borracho no solo fue, sino también pidió una foto —no fuera que no me creyeran— y le contó que el disco *Vibras* le había cambiado la vida y que la canción "Ginza" era todo, y que hasta tenía un tatuaje que decía "Ginza" muy arriba en el muslo. Incluso se lo mostró. Se lo mostré, ordinarísima, y dejo de hablar en tercera persona porque debo hacerme responsable de mis actos. Seguí bailando y buscando trago hasta que volví a ver a J Balvin solo con un tipo, lejos, sentado en unos sillones.

¿Qué haría una periodista de verdad?

Ir a pedirle una entrevista.

Me acerqué y lo invadí contándole que estaba haciendo un libro de reggaetón y que NECESITABA conversar con él. Fue simpático —muy— y me dijo que agendara con el tipo que estaba ahí, Fabio Acosta, su mánager que en realidad era su mánager hasta hacía un par de meses. Pero de eso me enteré después. Le pedí el número a Fabio, Fabio me dio su número, era un número real, realmente suyo. Luego pasó lo más lindo que puede pasar en cualquier fiesta: llegó comida. Pollito frito y *coleslaw*. No sé dónde estaba Jorge Iván, pero yo había logrado más de una porción de pollito y ahí se terminó la fiesta. Ahí, en mi recuerdo.

Al día siguiente me enteré de que había logrado comer tanto gracias a otro acto ordinarísimo. Había recorrido mesón por mesón sacando pollito frito sin que me importara que pudiera pertenecer a alguien. En mi defensa: imagino que esa versión de mí misma pensó que si no se lo estaban comiendo ya, no lo querrían nunca; pero como bien dice un tuit: "No importa cuánto trates de borrar lo imborrable: el domingo siempre lo trae a la superficie".

Y era domingo.

Al menos comía una hamburguesa adquirida por mí, legítima, evaluando si era correcto hablarle a Fabio ese día u otro, si tendría guayabo-resaca-caña o si la gente de éxito no padecía esas cosas; si importaba que fuera domingo o no importaba. Le hablé ya en Chile. Y nunca he tenido un rechazo tan cerca de la gloria. No es que me dijera que no. Me dijo que le escribiera a un tal Andrés Paz para agendar y le escribí a Andrés Paz, y no pasó nada, y volví a escribirle a Fabio para que le dijera a Andrés Paz que le iba a escribir, y me dijo que ya, y le escribí a Andrés Paz otra vez.

Y nada.

Entonces me transformé en mi propio libro de autoayuda, viendo en el fracaso una fortaleza: sin entrevista iba a tener más independencia para escribir de J Balvin porque si la hubiera logrado tendría el compromiso tácito de dejarlo como un ser perfecto. Me creí mi argumento de forma moderada, matizado con la tristeza que me daba no poder preguntarle por el disco *Vibras*, uno de los más importantes de la historia del reggaetón.

*

El año 2017 la vida parecía ser muy grata para J Balvin. Usando una palabra que le gusta a él, era el reggaetonero más *cool* del universo.

No solo había sacado un disco brillante y extraño para el Género con una portada igual de brillante y extraña: color naranjo y dientes y ojitos dibujados que hacían pensar en una estética *pacman*.

No solo había sacado un disco que tenía a dos rarezas, dos lujos: Carla Morrison en la intro y Rosalía —todavía no tan conocida— en "Brillo", al lado de otros lujos ya emblemas del reggaetón, como Zion y Lennox, en una mezcla que también era de géneros, algo que hemos visto en inolvidables: Don Omar incorporando la bachata o Tego Calderón pasando por la salsa, el rap y el reggaetón en *El Abayarde*.

Y en ese disco, *Vibras*, daban ganas de apuntarlo todo: no se me ocurre una forma más bonita para decirle a alguien que baila bien "Cuando empiezas a bailar, no es justo" y recuerdo que en las marchas feministas había carteles que rescataban la frase: "Le pido a Dios que te cuide pero tú te cuidas sola".

Y no solo todo esto, sino que también en medio toda esa gloria nos entregaba su vulnerabilidad, dándonos la ilusión de cercanía porque algunos reggaetoneros habían hablado del corazón, pero nadie de la mente. Recordemos: era 2017, un año en el que los *millennials* se separaban de los *boomers* por hablar de ansiedad y salud mental. Y en medio de eso, J Balvin era un hombre exitoso que contaba que a veces se deprimía seriamente, variaba de peso por ansiedad, no quería levantarse, tenía que salvarse a través de la meditación.

Vuelvo al disco extraño, hermoso y arriesgado que apuntaba a nuestro corazón y también apuntaba al corazón de la industria.

El tema "Mi gente" fue el primero en español en llegar al número uno de Spotify. Aquí me detengo porque tengo la sensación de que cuando escucho que algo fue el número uno de no sé qué plataforma, me están hablando en un idioma que me aburre porque pareciera que hoy todos, todo el tiempo, están llegando a algún número uno. Pero con "Mi gente" sí que pasó: fue el primer número uno cantado en español que tuvo Spotify.

Todo partió así: J Balvin escuchó "Voodoo Song" del DJ Willy William —francés con ascendencia mauriciana— y lo llamó para hacer una colaboración a partir del tema. Antes de toparse con Balvin, "Voodoo Song" había tenido un recorrido muy de estos tiempos: Willy William encontró un video de una gallina perreando, lo editó con el tema de fondo, lo subió a Facebook y en cuarenta y ocho horas tuvo casi cincuenta millones de visitas. El exmánager de J Balvin (Fabio Acosta, nunca te olvidaré) cuenta que José invitó a William a grabar a Miami y que William llegó con el plan de grabar en francés o en inglés. "No, no, no, vamos a romper esto en español", dice que dijo Balvin. Es esa la razón, cuenta William, de que en el video apareciera con lentes oscuros: necesitaba disimular que estaba leyendo en un idioma que desconocía.

El proyecto de J Balvin no siempre fue tan claro, al menos según su papá, que afirma que fue él quien le dijo a *Josecito* que se dedicara al reggaetón, que no le diera tanto al rap, mostrándole "Gasolina". Según José, el tema lo descubrió él mismo. Pero las cosas —las cosas en Colombia— habían empezado antes con otra de Daddy, "Latigazo", que fue la primera del Género en sonar ahí, año 2001, Medellín.

Dentro de las pocas certezas que hay en la historia del origen de algo, "Latigazo" es una y fue en el programa de radio *La rumba me llama*, gracias a un CD pirata. ¿Cómo llegó el CD? Según el DJ del programa —DJ Semáforo— fue él quien lo compró en el centro de Medellín. Según "El gurú del sabor", fueron unas colegialas las que le pidieron que pusiera reggaetón, pasándole *ese* CD en el que sonaba gente como Wisin y Yandel, Tego

Calderón e Ivy Queen. La música no lo terminaba de convencer, así que junto con Semáforo y otros DJ, empezaron una especie de reporteo por los colegios para ver qué escuchaban las niñas en los recreos. Puro reggaetón, entendieron, y ahí se decidió: un lunes a las diez de la mañana sonó "Latigazo" en una radio que solía consagrarse al vallenato y la salsa. Y esto, por si acaso, no es un chamullo o cuento mío, sino que aparece en un reportaje de la revista *Shock*.

Jorge Iván, a quien espero que recuerden porque fue el mismo que me llevó al cumpleaños de J Balvin, me cuenta que en esos años lo que pegaba era el *tropipop* —Carlos Vives como figura principal—, pero en Medellín el reggaetón empezó a tragarse todo. La estética o ética del reggaetón se daba la manito con la estética de Medellín. Autos caros, cadenas caras, ropa cara, mujeres voluptuosas era algo que le resonaba a los de *Medallo* porque, aunque Pablo Escobar ya estuviera muerto y Colombia hubiera cambiado, Jorge Iván dice que algunos valores de la narcocultura seguían ahí. Pero no eran solo esos resabios de los años ochenta y de parte de los noventa. También, cuenta Jorge Iván, estaba el hecho de que aunque Ibagué fuera en teoría la capital musical de Colombia, la real era Medellín. Igual que la irrupción del reggaetón, décadas antes había sido la salsa y eso había hecho que surgieran sellos y se establecieran estudios de grabación.

2009, esta es la vista: J Balvin, Reykon y Nicky Jam son las figuras.

Reykon, que ahora es más conocido por haber tenido la bendición de que Karol G —en su momento más humilde, diría el meme— fuera su corista, entonces era la gran competencia de Balvin.

Nicky Jam llegaba desde Puerto Rico para salvarse o que lo salvaran. Después del éxito de los temas de Los Cangris, su dúo con Daddy (y aquí es necesario dejar este paréntesis para gritar DÓNDE ESTÁN LAS GATAS QUE NO HABLAN Y TIRAN PA'LANTE) o con "Yo no soy tu marido" (NI TAMPOCOO TU HOMBREE), Nicky

Jam llegó a no tener mánager, no sacar temas y tomar treinta pastillas diarias de Percocet. Entonces lo llamaron desde Colombia para agendarle un show. Según su serie de Netflix, contestó fingiendo la voz de un mánager para no aparentar tan poquita cosa y partió a Medellín. Allí no les parecía que Nicky fuera el tipo decadente que él veía en sí mismo, sino una leyenda. Y a Nicky no le parecía que Medellín fuera un lugar que estuviera obligado a girar sobre sí mismo, sino que podía llevar reggaetón al mundo.

*

Para hablar de la fama de J Balvin, es necesario volver a la importancia de los colegios porque la conquista del mundo del reggaetón de Medellín tiene que ver con ellos. Cualquiera que quisiera subir en el mundo urbano tenía que probarse en fiestas de graduaciones, cumpleaños, barberías (tal como se lee) y colegios. Sobre todo colegios. No era un asunto de ganar plata —de hecho se suele pagar por estar— sino de difundirse entre el público del presente y del futuro. Y estaban los J Balvin o Nicky Jam de este mundo, gente que ya había salido del colegio pero iba para hacer shows. Y estaban los Maluma, que todavía estudiaban mientras giraban por distintos colegios de Colombia. Nicky Jam cuenta que un día, a punto de presentarse, vio un caos de adolescentes emocionadas por un hombre hermoso. Ese hombre, por supuesto, era Maluma.

Entonces: fiestas de cumpleaños, de graduación, barberías y colegios, sonar en la radio, dar conciertos por todo Colombia, sacar una colaboración con Farruko y el año 2016, el disco *Energía*, uno que no solo brilla porque alcanza más mundo con colaboraciones con DY, Wisin o Pharrell, sino porque —y perdón lo simple— es muy bueno. Si alguien nombra el tema "Safari", de inmediato viene ese *beat* que sugiere calor húmedo sobre el que Balvin canta "Vente conmigo, sola conmigo". Si alguien nombra "Ginza", además de mi tatuaje en la parte muy superior del muslo (ji), viene esa cadencia que le dio una nueva vida al reggaetón. Eso de la nueva vida no se me ocurrió recién, ya quisiera, sino que lo he escuchado de pódcasts puertorriqueños. No solo por Ginza, sino por el reggaetón de Medellín, que llegó a sacar al Género de la monotonía, algo clave para entender su actual eternidad: siempre que empieza a caer en un aburrimiento, aparece alguien a sacudirlo.

El tema "Reggaetón", del 2018, era la muestra de que Balvin también lo entendía así. Video y canción hacen homenaje a Tego, Héctor, Yankee y Don; y la bandera de Puerto Rico no deja de aparecer. El gesto es doble: si alguien sospechaba que los colombianos se habían apropiado del reggaetón así sin memoria, se equivocaba. Pero si alguien pensaba que el nuevo rey no era de Colombia, también se equivocaba. Ese rey se llamaba J Balvin y se persignaba diciendo "Dios bendiga al reggaetón, amén", haciendo eco de una frase que ya existía, "Dios bendiga al reggaetón", de alguien de un país que no era famoso por ese género: C. Tangana.

*

El año 2019 fue extraño. Bad Bunny había sacado *X100pre*, volviendo la atención a Puerto Rico y al trap, pero Balvin existía lo suficiente como para que hicieran un junte para sacar el disco *Oasis*, que nos emocionó más en su promesa que existiendo. Hablaré por mí: me emocionó más en su promesa que existiendo, salvo por uno de los temas más tristes y contundentes que he escuchado: "La canción".

J Balvin dijo que *Oasis* era el dúo de los "locos" del Género, pero algo empezaba a separarlo de Bad Bunny. Ese algo, por un lado, consistía en eventos concretos. El año 2019 Justin Bieber posteó en Instagram una imagen en la que aparecía escrito "The Legendary Equation" con la suma de Michael Jackson + 2Pac = Chris Brown. J Balvin comentó con un emoji de 100, mostrando un acuerdo bien entusiasta. La furia de vuelta también fue bien entusiasta. Michael Jackson estaba en su momento de máxima funa, Chris Brown había sido la pareja maltratadora de Rihanna y a J Balvin le caía la maldición de esos días: como había mostrado virtud, se le juzgaba el doble. Como no parecía ser un clásico "machito" del Género, se ponía una esperanza desbocada que excluía la idea de que no fuera perfecto y el choque que esa idea sí o sí iba a tener con la realidad, producía furia.

En 2021 llegó el estallido social colombiano, que puede recordarnos al chileno o al puertorriqueño, porque en todos había una gota que colmaba el vaso. En el caso de Puerto Rico, ya vimos, fueron las filtraciones de Telegram. En el caso del chileno, un ministro mandando a la gente a levantarse más temprano a propósito del alza del precio del Metro. En Colombia, también un ministro que decía que la Reforma Tributaria no iba a hacerle mal a nadie, pero cuando le preguntaban el precio de los huevos no tenía la menor idea de cuánto costaban.

J Balvin puso en sus redes:

> Yo digo no a la Reforma Tributaria, pero no al vandalismo de los que se aprovechan de la situación para hacer daño, robar a personas o destruir como excusa de la marcha. Hoy la prioridad debe ser la salud de todos, estamos en pandemia, lo que necesitamos es salvar vidas.

Eso produjo más furia, furia que no impidió que llenara el Atanasio Girardot de Medellín, con espacio para cuarenta y cinco mil personas, en el que hizo un minuto de silencio por los asesinados en el estallido. El silencio llegaba demasiado tarde —se comentó en redes sociales— y parecía menos importante que sus ganas de romper el récord de la canción más veces cantada en un concierto: tocó once veces "Blanco" de su disco *Colores*.

Ese mismo 2021 salió "Perra", la colaboración con Tokischa en la que ella canta: "Yo soy una perra en calor y estoy buscando un perro pa' quedarme pega'", y él responde: "Eres es una perra en calor y está buscando un perro pa' quedarse pega'", mientras camina llevando a dos mujeres-perras negras en cuatro patas.

Años después, en entrevista con el podcastero e influencer colombiano "Dimeloking", cuenta que la pareja de José, la modelo Valentina Ferrer, le dijo que no le parecía muy buena idea hacer ese tema, pero él pensaba en Tokischa como una mujer empoderada con control de lo que hacía, entonces qué problema iba a haber. Ya sabemos que el mundo le dio la razón a Valeria. J Balvin pidió perdón. Esta vez demasiado tarde para Residente, que le tiró por eso y por todo dándole la estocada final a un caído en desgracia que de todos modos ha vendido treinta y cinco millones de discos.

J Balvin ya había tenido la mala fortuna de haber sacado el 2020 *Colores* que palideció —el chiste malo fue involuntario— ante *YHLQMDLG* de Bad Bunny, y en todas sus virtudes se empezaban a colar las faltas.

Antes era alucinante que pusiera la salud mental como tema de redes sociales. Ahora, encontraba un lado agotador en que esa salud mental tuviera una ejecución buena vibra y piensa positivo, y si una quiere los sueños se cumplen, así de fácil.

Antes se elogiaba el camino de esfuerzo de tocar en todos lados —"Conozco más colegios que el Ministerio de Educación", decía— y ahora se deslizaba que era un hijo de papi al que le habían regalado un Volvo a los diez años, además de algo que en Medellín era una práctica frecuente, aunque nada linda. Ese algo se llama "payola", pero antes de explicar qué es haré una advertencia. No me consta que Balvin haya hecho esto, solo fue una sospecha que se ha instalado. Entonces ¿qué es payola?: el hecho de pagar subterráneamente para sonar en las radios. Algo que en Medellín se hacía al menos desde los años sesenta. Todo esto de Balvin parece de millonario, pero Jorge Iván me cuenta que no lo es. El papá de Balvin quebró cuando él era adolescente y ahí se le colaron sus primeras ansiedades que no consistían tanto en la desgracia presente sino en cómo iba a mantener algún día a la familia que aún no tenía.

Suele haber una descoordinación entre los gringos y Latinoamérica. En mucho menor grado de caída y aparentemente con más posibilidades de resurrección, Bad Bunny se volvió una tendencia en Estados Unidos mientras acá escuchamos a gente decir que el Conejo Malo ya fue. Con Balvin los gringos seguían alucinados y lo llevaban a cantar al Super Bowl, pero nosotros sabíamos que algo había pasado. Ni siquiera tenía que llegar el estallido social o Residente para que notáramos que había dejado de ser *cool*.

Todo esto tiene un misterio. J Balvin no es el primero ni el único del Género que diga tonteras, haga tonteras o incluso cosas terribles, saque discos regulares, no muestre postura política o vea la música como un negocio. Ejemplo por ejemplo: Arcángel habló de que las mujeres que mostraban el culo no se hacían respetar, Don Omar fue acusado de violencia intrafamiliar, varios han sacado discos que pasan desapercibidos, muchos hablan del negocio que es la música. Ivy Queen, por ejemplo, cuenta que comenzó a cambiar su apariencia física porque notó que era un producto. Pero entre todos, J Balvin es quien ha sido más juzgado.

¿Por qué? Él dirá que es por haber llegado tan alto. Además dirá: "A la gente le gusta ver el mundo arder, pero no quiere que les toque a ellos". Es cierto. También es cierto que es difícil de explicar, tan raro, como esto que vi el otro día en *Vice*: J Balvin está promocionando su disco *Colores* ante un público de niños. En uno de los videos del disco, Balvin es atropellado por un auto. Uno de los niños le pregunta por qué. Más exactamente:

> —¿Por qué hiciste que te atropellaran en "Rojo"?
> —Porque quería mandar un mensaje de que no se debe manejar hablando por celular… y también para que tengan presente que algún día nos vamos a morir.

Diablo me duele tanta baba.

tú me puedes provocar".

decir que pa' la cama voy.

s ganas no vamo' a llegar.

esesperados

pero la fajitagazón, batería y reggaetón.

dice que "no, no, no van a poder".

Estoy brillando con *highlighter*, no lo ves.

un clavel en mi melena, no lo ves.

he subido quince stories, no lo ves.

y un calvo se estaba peinando

y un sordo me estaba mirando

Es una lluvia de alcohol que te empapa.

una nube de humo que te arrebata.

sintió un hechizo de sus ojos de gata

que te seducen y en sus garras te atrapan.

Esa es una sata que ha vacilado contigo

y que ha puesto a gatear a todos tus amigos

Aburrido del canto del pueblo unido,

será construir un mundo latino.

Estoy brillando con highlighter, no lo ves.

un clavel en mi melena, no lo ves.

he subido quince stories

Es una lluvia de alcohol que te empapa.

una nube de humo que te arrebata.

sintió un hechizo de sus ojos de gata

que te seducen y en sus garras te atrapan.

Esa es una sata que ha vacilado contigo

Cuando crezcan donde yo crecí se crien donde me criaron.

el cuerpo rozar. Diablo me duele tanta baba.

yo te digo: "sí, tú me puedes provocar".

Eso no quiere decir que pa' la cama voy.

Tengo reservado el hotel,

pero con estas ganas no vamo' a llegar.

somos dos desesperados

por eso nos fuimos que parquear.

nos espera el asiento.

Estoy brillando con highlighter, no lo ves.

un clavel en mi melena, no lo ves.

he subido quince stories, no lo ves.

Y te juro que lo he tratado.

pero es que ninguna se te para al la'o.

desde que te fuiste sigo tranca'o.

Escuchando Master piece, baby, me siento down,

down, si no tengo de tu piel, down.

hacia abajo. A mí me gusta cuando baja downtown

hacia abajo, que mi sata se quede ahí envuelta'o.

hacia abajo. Yo digo baby, suena interesao.

si quieres ven y quédate otro round.

Aquí llegó el maestro.

Llegó Tego Calderón.

con nosotros los tiburones

Llegó Tego Calderón.

de otro round.

y te juro que lo he tratado.

pero es que ninguna se te para al la'o.

desde que te fuiste sigo tranca'o.

Escuchando Master piece, baby, me siento down,

down, si no tengo de tu piel, down.

Aburrío de ver tantos muertos y vivos, el crecido de las nenas.

Es que rápido me enchulo de las nenas.

Si me hablan lindo, me caso sin dilema

y me las como, desayuno almuerzo y cena.

Tú tienes una linda, yo feas tengo tres: eso en cuatro no se ve.

En cuatro, baby, te agarro por el cuello y te pones sata.

Vamos a hacerlo: una, dos y a las tres ponte en cuatro.

y arde en cuatro el 4 de julio

No me vuelvas a decir nada

yo no soy tuyo ni de nadie

yo soy solo de mí.

Adidas no me usa, yo estoy usando adidas.

Mi estrategia es diferente, por la salida entro.

Yo me infiltro en el sistema y exploto desde adentro.

¿dónde vas tú con tu juego?

Número dos, se apagó el fuego de la pasión.

y te quejabas como te hacía el amor.

Número tres, con todo y eso que fuiste su mujer.

está hablando de espalda con todo el mundo que ve.

Aquí llegó.

Aquí llegó.

Aquí llegó el maestro.

Llegó Tego Calderón.

con nosotros los tiburones

Hablando claro/tengo un problema

Es que rápido me enchulo de las nenas.

si me hablan lindo, me caso sin dilema

y me las como, desayuno almuerzo y cena.

Yo soy Don, criao

con carros de me

prendas que ha

Entonces, hablam

¿Tú crees que pu

Ni una, de las tuy

si tú ere' el cang

yo soy el rey de

me llama y me dice que estoy loca,

una zorra y eso es lo que te loca

des pasar por nuestro córner

sabes que te vas sin Jordan

cada una de nosotras

queremos matarte to'as.

fuiste su mujer.

el mundo que ve.

con carros de medio millón

y prendas que ha

Entonces, háblame

¿Tú crees que puedes competir conmigo, canción por canción?

Ni una, de las tuyas

si tú ere' el cangri

yo soy el rey de

Mi madre me llama y me dice que estoy loca,

dice que soy una zorra y eso es lo que te loca".

No puedes pasar por nuestro córner

No soy pobre, soy triste.

...estoy usando adidas.

Mi estrategia es diferente, por la salida entro.

Yo me infiltro en el sistema y exploto desde adentro.

Número dos, se apagó el fuego de la pasión.

y te quejabas como te hacía el amor.

Número tres, con todo y eso que fuiste su mujer.

Está hablando de espalda con todo el mundo que ve.

# IV

# CRISTO VUELVE

HÉCTOR EL FATHER

*Lo que antes tenía por ganancia,*
*ahora lo tengo por basura*
Pablo, Filipenses 3:7-14

—¿Alguna vez Satanás te llevó a pensar en matarme a mí? La pregunta se la hace Héctor Delgado, antes Héctor el Father, en una entrevista a Julio Ramos, antes Julio Voltio.

—Sí, Héctor.

Muchos años antes de querer matarlo, Héctor y Julio se habían criado juntos, salían a fiestear juntos y tenían una banda juntos, Master of Funk. Como les pasó a varios —un ejemplo es Don Omar—, Julio Voltio cayó en la órbita de odio de Héctor, que se manifestaba en la calle y en la lírica: "Tú no eres gánster, lo tuyo es asaltar los Shell", le tira en un tema. Hemos visto tiraderas que parecen clavar más —recordemos lo de Residente a Balvin— pero en el "reggaetón viejito" las cosas iban más en serio y se jugaba el honor de la calle. Por eso Julio Voltio decidió ir a matarlo. La historia dice que lo buscó por toda la ciudad y no pudo encontrarlo. Entonces le dedicó "Maleante de cartón".

Julio Ramos cuenta que su vida tranquila, con unos padres buenos, empezó a arruinarse a los catorce o quince años, cuando salió a la calle y vio las zapatillas caras, la ropa cara, los autos caros; y la felicidad que parecía dar eso. Como ya sabemos el final de la historia —se hizo evangélico—, también podemos saber que a él no se le dio la felicidad. Vivía siempre al límite, siempre angustiado. En una entrevista cuenta que un día iba a salir con un amigo. Por casualidades, no lo hizo. Y al tipo que sí acompañó al amigo le dieron siete disparos en la cara. También cuenta algo que fue más que una casualidad: siempre pensaba que, cuando estuvieran a punto de matarlo, iba a pedirle perdón a Dios para que se lo llevara al cielo, seguramente imitando al ladrón que estaba crucificado junto a Jesús y se arrepintió en los últimos minutos de su vida. Ese momento llegó. Un grupo partió una balacera contra él, pero no se acordó de Dios, aunque viera sin poder entender cómo las balas caían delante de él o se desviaban. Tampoco se acordó de Dios después, cuando les dijo a sus amigos que seguro había atemorizado al grupo y que por eso le habían disparado con miedo. Mostrarse fuerte, con una vida vertiginosa y llena de poder, le hacía sentir la angustia que da la presión.

Un día como cualquiera, borracho, fumando, con una cerveza caliente en la mano, sí se acordó de Dios y le dijo: "Que esta sea mi última borrachera". Dios lo escuchó, así cuenta. Y se lo demostró a través de una llamada de un amigo al que no veía hacía diez años para invitarlo a un culto, algo así como la misa católica. Fue con algo de resistencia y quiso escapar cuando vio al Pastor. Era Héctor Delgado, el mismo que había buscado para matar cuando todavía era Héctor el Father. Pero *algo* lo hizo quedarse y escuchar, y querer o necesitar a ese mismo Dios del que hablaba Héctor. Un Dios que le había quitado la angustia. Un Dios que lo había salvado de la muerte. Un Dios que le había devuelto la paz con su familia.

*

"Héctor el Father era uno de los personajes más malos que ha tenido la música urbana", dice Arcángel en una entrevista y tiene un motivo.

Era el año 2006, llevaba poco de carrera pero ya brillaba por su voz, por hacer de su música algo cercano —él mismo pirateaba sus canciones para que su público las tuviera— y por el acto arrojado de frontear aunque no tuviera una trayectoria larga. Héctor se irritaba. En sus entrevistas cuenta que nunca fue un hombre de consumir drogas, pero sí de mujeres y poder. Sobre todo de poder. Y Arcángel parecía amenazar con quitárselo o al menos pasarlo por alto. En un concierto de un disco en el que los incluyó Luny Tunes, Héctor lo saludó, él no saludó de vuelta y el combo de Héctor —si no recuerdan de qué se trataba, refresco: era el Combo de los 70, un grupo liderado por un tipo al que le dieron cadena perpetua por narcotráfico— lo miró con tanto odio como si le hubiera matado un familiar. Así lo cuenta Arcángel. Héctor lo hizo arrodillarse y le pegó dos cachetadas. Arcángel, en su exótico pero usual optimismo, dice hoy: Desde ahí yo me pego bien cabrón.

*

Salgo de Arcángel, vamos a Héctor, que igual que Julio Voltio tiene el discurso de un antes en el que se sienten vacíos a pesar del poder porque piensan que cuando tengan más y más llegará la felicidad pero mientras más tienen, más infelices son. Infelicidad, vacío, caos y daño a la gente que los quiere (y a los que no). Héctor cuenta que se llegó a olvidar de que su mujer tenía sentimientos, hiriéndola una y otra vez con infidelidades.

Luego de la conversión, vino la calma y la plenitud que —dicen— solo se puede encontrar en Jesús. Héctor empezó a encontrarla un día en que un amigo, Chino, salió de la cárcel. Había estado preso diez años, así que Héctor le dijo que fueran a la discoteca de la que era dueño para celebrar. Tal como la llamada que le hicieron a Julio, Héctor recibió un mensaje. También era de un amigo, también lo invitaba al culto, pero aquí decía: "No dejes que en el infierno se rían de ti".

Héctor cambió la ruta. Le dijo a Chino que lo acompañara a la iglesia antes de ir a la disco y la prédica lo conmovió tanto que pasó adelante, frente al podio del Pastor, para convertirse a la fe. Le dijo a Chino que hiciera lo mismo. "Estoy tranquilo así", respondió Chino, rechazando.

Días después lo encontraron en un auto quemado, cuenta Héctor, no sé si para infundirnos pánico, urgencia o las dos cosas juntas.

*

Nadie creía mucho en su conversión, así que al mismo le costaba creer. Pero cuenta que en un momento notó la realidad de su cambio. Había ido a predicar a Massachusetts y después del culto andaba con dos amigos en un Subway. Entonces llegó un tipo medio ebrio que le dijo:

—Tú eres Héctor el Father.

—No, soy hijo del Father.

—Tú eres Héctor el Father.

—No, soy hijo del Father.

El tipo no andaba con paciencia y le dio dos golpes. Héctor, como quien pone la otra mejilla, contestó con una frase: "Varón, que Dios te bendiga".

Con eso, dejaba atrás una carrera de tiraderas, colaboraciones con Jay Z, reggaetones de malianteo y de los que todavía se bailan: "El teléfono" ("Solo ten mi número telefónico, / para cuando te sientas sola") o "Baila Morena" ("Baila Morena, baila morena, / perreo pa los nenes, perreo pa' las nenas") y —dice— toda la plata que se desprendía de eso. Julio Voltio, el reggaetonero más infravalorado del Género según Bad Bunny, dejaba una carrera con temas como "Chulin Culin Chunfly" o —mi favorita— "Pónmela".

*

Daddy Yankee siempre cuidó su gloria. En el Festival de Viña bajó de un trono, en la gira de su retiro proyectó un avión gigante, la semana pasada puso autos a dar vueltas antes de cantar "Gasolina"; pero en los últimos minutos de su último concierto —al menos de su vida como Daddy Yankee— la gloria fue para otro. "Mi gente: este día, para mí, es el más importante de mi vida. Y se los quiero compartir porque no es lo mismo vivir una vida de éxito que una vida con propósito", dijo y lo siguieron gritos de apoyo de una parte del público y el silencio —curioso o inquieto— de la otra parte.

"Quiero decirle al mundo entero que Jesús vive en mí y yo viviré para él". Poquito después, una cruz hecha de drones que estaba a sus espaldas se deshizo para formar la frase "Cristo te ama". Daddy Yankee dejó caer el micrófono que se rompió al tocar el suelo; un bautismo sin agua, una forma de vida que quedaba atrás para que comenzara una nueva en la que Daddy Yankee vuelve a ser Raymond Ayala y predica el Evangelio a través de su música.

A la salida del concierto, los drones en el cielo formaban la frase "Cristo viene".

La noticia de su conversión salió en todas partes y me dediqué a la inevitable actividad de leer los comentarios. Algunos decían que después de haber llevado a la perdición a tanta gente tenía la audacia de hacerse cristiano. Otros respondían que siempre se puede estar a tiempo. Otros, que ahora quería la plata de la Iglesia. Y por supuesto estaban los que pensaban que esta era una clásica movida *illuminati*: había vendido su alma al diablo y ahora necesitaba recuperarla.

"¿Hay fanáticos molestos con Daddy Yankee por entregarse a Cristo?", preguntaba un *podcaster* puertorriqueño a su millón de seguidores en Instagram.

"Normal", posteó Farruko, que pasó del reggaetón mundano a Jesús, arrepintiéndose de reivindicar las drogas en "Pepas", una canción que tiene 1.398.752.047 escuchas en Spotify.

Ya sabemos que antes estuvo Voltio, antes Héctor el Father, antes Vico C y antes El General, que dijo: "Cuando se prendía la cámara, se prendía mi rostro, mi sonrisa, todo. Pero cuando llegaba al hotel había un bajón grande, un silencio".

Para El General, un silencio. Para Daddy Yankee, una vida sin propósito. En los relatos de conversión, suele haber dos líneas de argumento.

La de quien tiene todo lo material, pero siente que está vacío.

La de quien no tiene nada y necesita encontrar un consuelo y la promesa de una vida mejor en un *reino que no es de este mundo*.

Los reggaetoneros conversos tienen la originalidad de poder decir los dos discursos. Han vivido el tránsito de no tener nada material hacia tenerlo todo. "Somos de calle", canta el mismo Daddy Yankee, que recibió un balazo en un tiroteo que lo dejó sin poder caminar durante un año, y Voltio y Farruko estuvieron en la cárcel; y ya sabemos lo de Héctor el Father. Luego vino lo de hacer mucha plata, hacerse un nombre y, en medio de eso, el silencio.

*

Vuelvo a centrarme en Daddy Yankee por un motivo. A diferencia de otros reggaetoneros, nunca vivió un desborde: siempre ha tenido la misma esposa, dice que solo se ha emborrachado una vez en la vida, dice que no consume ninguna droga salvo marihuana y desde hace años que habla como si estuviera dando una lección. No digo esto como una reivindicación de su moral, sino como explicación de mi sorpresa ante su conversión. Sin desborde, no parecía requerir el orden que da una Iglesia. Además de que en su música sabían convivir canciones sexuales y canciones en las que habla de Cristo. Pero, dice el mismo Héctor el Father, se escoge al mundo o se escoge a Dios.

Ahora que Raymond Ayala escogió absolutamente a Dios, pienso que su forma de vacío era más inmensa e intensa que la de tenerlo todo y sentir que no tenía nada. Su vacío, creo, fue el de serlo todo. Nunca —desde el 2004 en adelante— ha dejado de sonar. Al anunciar su retiro le preguntaron quién sería su sucesor —¿acaso Bad Bunny?— y su respuesta fue ambigua. Sospecho que no piensa que pueda tener sucesor. Sospecho que piensa que el único que está realmente cerca de Dios es él.

Hace cinco años, J Balvin cantaba "Dios bendiga el reggaetón. / Amén", pero tal vez Dios le esté arrebatando adeptos al reggaetón.

diablo me duele tanta baba.
tú me puedes provocar".
decir que pa' la cama voy.
ganas no vamo' a llegar.
esperados

Estoy brillando con highlighter, no lo ves.
un clavel en mi melena, no lo ves.
Ya subido quince stories, no lo ves.

Es una lluvia de alcohol que te empapa.
una nube de humo que te arrebata.
sintió un hechizo de sus ojos de gata
que te seducen y en sus garras te atrapan
Esa es una sata que ha vacilado contigo

Aburrido del canto del pueblo unido.
será construir un mundo latino.

Es una lluvia de alcohol que te empapa.
una nube de humo que te arrebata.
sintió un hechizo de sus ojos de gata
Esa es una sata que ha vacilado contigo

El cuerpo rozar.
Yo le digo: "sí, tú me puedes provocar".
Eso no quiere decir que pa' la cama voy.
Tengo reservado el hotel,
Somos dos desesperados
por eso nos fuimos que parquear.
nos espera el asiento.

Estoy brillando con highlighter, no lo ves.
un clavel en mi melena, no lo ves.
Ya subido quince stories, no lo ves.

hacia abajo
hacia abajo
hacia abajo.

Hablando claro/tengo un problema.
Es que rápido me enchulo de las nenas.
Si me hablan lindo, me caso sin dilema

Tú tienes una linda, yo feas tengo tres: eso en cuatro no se ve.
En cuatro, bvka, te agarro por el cuello y te pones sata.
Vamos a hacerlo: una, dos y a las tres ponte en cuatro.
Y darte en cuatro el 4 de julio

Aquí llegó el maestro.
Llegó Tego Calderón.

No me vuelvas a decir nene.
Yo no soy tuyo ni de nadie.
Yo soy solo de mí.

Aquí llegó.
Aquí llegó.
Aquí llegó el maestro.
Llegó Tego Calderón
con nosotros los ...

Adidas no me usa, yo estoy usando adidas.
Mi estrategia es diferente, por la salida entro.
Me infiltro en el sistema y exploto desde adentro.

Hablando claro/tengo un problema.
Es que rápido me enchulo de las nenas.
si me hablan lindo, me caso sin dilema,
y me las como, desayuno almuerzo y cena.

Yo soy Don, criao en
con carros de medi
y prendas que han
Entonces, háblame
¿Tú crees que pue
Ni una, de las tuyas
si tú ere' el cangri
yo soy el rey de la

me llama y me dice que estoy loca,
una zorra y eso es lo que le toca.
es pasar por nuestro córner
sabes que te vas sin Jordan.
chinga'o a cada una de nosotras
queremos matarte to'as.

Número dos, se apagó el fuego de la pasión.
Y te quejabas como te hacía el amor.
Número tres, con todo y eso que fuiste su mujer.
Está hablando de espalda con todo el mundo que ve.

¿Tú crees que puedes competir conmigo, canción por canción?
Ni una, de las tuyas
si tú ere' el cangri
yo soy el rey de la

# V

# ESTOY *READY* PA' COMÉRMELOS VIVOS

RESIDENTE

# 1

*Tú ronca cabrón y tú no vive así*
Bad Bunny, "Tú no vive así"
(*part.* Arcangel, DJ Luian y Mambo Kingz)

Esto me da ternura o vergüenza: el año 2005 un amigo me mandó vía Messenger la canción "Atrévete-te", y me dijo que no la mandara a nadie para que siguiera siendo un secreto. "Obvio", prometí, pensando que en serio la podía tener escondida. Menos de un año después Calle 13 estaba ganando tres Grammy Latino, y uno de ellos era por mejor álbum urbano.

Wisin y Yandel, Daddy Yankee y Don Omar también estaban nominados y sentados uno al lado del otro esperando cada cual ganar con su propio disco. Ivy Queen, junto a ellos, no tenía nominaciones, pero a los compañeros se les alienta. Y los cinco —Wisin y Yandel, Yankee, Don e Ivy—, que vieron a Residente subir al escenario a recibir el Grammy Latino a mejor álbum urbano por *Calle 13*, entonces se pararon y se fueron trapicando saliva.

Residente era una rareza en el Género: no hacía reggaetón puro, se vestía con una musculosa y sin cadenas ni relojes ni opulencia, y más encima decía que Calle 13 no hacía música urbana, más bien era música sin clasificación.

Si no hacía música urbana, ¿por qué entonces iban y recibían el premio de música urbana? Esa era la crítica. Supongo que debajo de eso había una dosis comprensible de ego, la certeza de que habían pegado unos temas tremendos y perreables y el enojo (también comprensible) de llevar una década forjando un género que había sido despreciado y sancionado para que unos aparecidos se llevaran el crédito de lo que había profetizado Yankee: algún día se volverían grandes de una forma que nadie imaginaba. Y ese día había llegado. De su lado, Residente iba a decir que le dolió mucho ver a sus maestros yéndose de los Grammy y tampoco es como que mucha gente rechace el premio; por ejemplo, Rosalía no lo ha hecho cuando ha ganado en la categoría latina.

Esa noche Wisin y Yandel, Daddy Yankee y Don Omar se fueron y quedó Ivy Queen sola para dar cara, al menos eso cuenta ella, y tuvo que enfrentarse a la prensa que le preguntó por el asunto. "Tres Grammy es mucho para un grupo. Con todo el talento que hay aquí, eso debió dividirse. Pero okey, esto motivará a mis compañeros a trabajar más fuerte", dice que dijo.

Al día siguiente Ivy se encontró con Residente en una situación en la que no se podía hacer la loca: él iba saliendo del *spa* del hotel y ella iba entrando. "Oh, *shit*", pensó. "Todo bien, Ivy", le dijo Residente. "Todo bien", respondió Ivy. "Te agradezco tu sinceridad", le dijo él, así que ella pensó que el tema estaba zanjado.

Al año siguiente, 2007, Ivy sacó un tema sobre los hombres y el amor que se llamaba "Que lloren". El 2008, Calle 13 sacó su propio "Que lloren", un tema en el que le tiraba a Ivy: "Oye Ivy, me das pena, aquí te traigo una navaja pa' que te cortes las venas". ¿Acaso no se había resuelto?, pensó ella sintiendo la traición, pero Residente no le tiraba solo a ella: "Esta canción va dedicada a todos los llorones del reggaetón, pa' que aprendan" y tenía todas las líneas de indignación que iba a tener en el futuro:

- No tener ninguna conciencia política: "Critico el uso del *bling bling* de los raperos ante la falta de conciencia por las muertes de trabajadores en las minas en Sierra Leona, África".
- Fingir ser calle: "Critico los *jackets* de nieve porque en Puerto Rico hace calor. Digo lo de los caseríos porque muchos ya no viven ahí".

- Ser ignorantes: "Hablo sobre la importancia de la educación porque yo digo: «Pa' tirarme a mí tienes que estudiar». Eso es bien importante para mí porque yo estudié y mi hermano también".

*

El año 2022 vino la tiradera a J Balvin y la verdad es que hace que la canción "Que lloren" parezca una serie de caricias hechas versos suavecitos[13].

Antes de eso, su tiradera más icónica había sido a Tempo, el año 2017. "Mis disculpas" era una respuesta a la siguiente afirmación de Tempo que iba en la misma línea de la crítica en los Grammy del año 2006: "Residente usó al reggaetón para hacerse famoso y luego tuvo la audacia de despreciarlo".

Tal como antes y tal como iba a ser con Balvin, la respuesta de Residente venía de todas sus paternidades.

Primero, las de la sangre. Reinaldo Pérez y Flor Joglar fueron militantes políticos. Reinaldo era del Partido Socialista y viajó a Nicaragua en los tiempos de Sandino en un gesto de apoyo. Cada cual estaba consagrado al teatro, a la música, a la escritura.

Luego están las paternidades elegidas: Vico C, Tego Calderón y Rubén Blades. No es como que René diga "mis padres", pero siempre los nombra en sus canciones o en sus entrevistas, admirándolos o armando lazos.

De Tego y de Rubén Blades, por la preocupación por las letras y el compromiso político. Tego siempre se para ante el mundo diciendo que es negro, como en "Bandoleros", la colaboración con Don Omar en la que canta: "Oye, a mí me importa poco lo que se diga del *nigga*. William Landrón y yo somos socios de la avenida". Tego tampoco parecía transar lo que quería ser.

El 2005, luego de tres años de haber sacado "El Abayarde" y volverse la estrella de Puerto Rico, la marca Sean John, propiedad

13. ¿Pero no parecerá suavecito ante la tiradera de Kendrick Lamar y Drake de este 2024?

de Puff Daddy —famoso rapero estadounidense relacionado con la muerte de 2Pac y ahora acusado de violación y acoso sexual— le ofreció ser su rostro, pero él dijo que no. La marca optó entonces por Daddy Yankee, que no vio problema en decir que sí.

Como Tego, Residente no se considera reggaetonero sino rapero, pero los dos tienen una cantidad de escuchas abrumadoras de sus reggaetones más icónicos —"Atrévete-te" y "Pa' que retozen"— en relación con sus otros temas, y los dos tienen un discurso calcado que los justifica: esos reggaetones sirven para que escuchen sus temas más valiosos. Rap, en el caso de Tego. Canciones como "Latinoamérica", en el caso de Residente.

Mi fantasía egocéntrica se imagina que Residente me responde A MÍ que la buena música no se traduce en números y aunque lo que viene no es una respuesta a mi persona, lo ha dicho: si él quisiera podría hacer no sé cuántos "Atrévete-te", pero no quiere, y yo jamás le respondería porque soy cobarde, pero quisiera preguntar si en serio es tan fácil y explicar que es triste cuando un cantante desprecia una canción que amamos, porque en el fondo nos desprecia a nosotros.

Lo de Vico C también va en guardar lo que René entiende como integridad: "Por eso no quiero títulos, ni posiciones ni apodos, mejor prefiero alcanzar, inquietar la conciencia de todos", canta Vico. En "Que lloren", Residente hace la diferencia entre artistas reales y quienes se están "promocionando con Don Francisco", y aquí llegamos a Balvin.

Este meme me gusta mucho:

Me imagino a Residente diciendo que se mamó. La tiradera a Balvin, si una no es Balvin, es perfecta: lo trata de imbécil, de poca cosa, de racista y de sin talento. Si "Que lloren" era pálida al lado de "Mis disculpas", "Mis disculpas" es pálida al lado del tema a Balvin, que también es perfecto si no se tiene corazón. Cualquiera con cierta piedad encuentra que hay pocas cosas tan dolorosas en este mundo; sin embargo, tal vez que pifien a un humorista en algún festival produzca lo mismo.

Sobre esto, el diario *El País* usó la palabra "despellejar", casi precisa —yo diría que es desollar—, y todo partió así: Bizarrap invitó a René a cantar una cumbia en su sesión 49. René no andaba de ánimo de cumbia, quería otra cosa, y Bizarrap dijo: "Okey, el espacio es para lo que tú quieras". Quiso una tiradera. Para algunos fue una reivindicación de Puerto Rico sobre Colombia, para otros una clase de ética artística y para otros-otros, simplemente poner en su lugar a J Balvin, algo así como justicia musical.

También hubo defensores de Balvin, que dijeron que René estaba *mordido* por no haber sacado ningún palo hacía siglos y que solo sabía resucitar su carrera pegándoles a otros de cuando en cuando. Tengo mis impresiones, confusas todas, pero no importan ahora. La cosa es que Residente cuenta que cuando J Balvin supo que se venía la tiradera, se volvió loco intentando bajarla a través de varios mecanismos.

*

Residente estaba irritado. Le enojaba que Balvin no hiciera sus letras, fuera un producto, se llevara los créditos, y de la irritación pasó a la furia cuando Balvin llamó a boicotear los Grammy porque estaban usando la música latina sin respetarla. Furia, porque cómo llamaba a boicotear justo esos Grammy si es que iban a homenajear a Rubén Blades, seguro era porque lo nominaron poco. Pablito Wilson, el autor que ya nombré de *Reggaetón: una revolución latina,* dice que tal vez Balvin fue torpe (pero ¿quién no lo ha sido?) y vaya a saber por qué dijo que no había suficientes nominaciones del Género cuando sí las había, pero hay una cosa segura: nunca quiso boicotear el homenaje a Blades.

Residente subió un par de videos contra Balvin que después borró porque —según él— Balvin lo llamó pidiéndole por favor que lo hiciera.

Como todos tenemos nuestro corazoncito, Residente dice que lo bajó por eso, pero que de la furia pasó a algo más inmenso cuando J Balvin subió una foto vestido de *hot dog* —no olvidar que Residente comparó su música con fábrica de salchichas— y el mensaje "Chúpalo". Eso desató todo.

Bizarrap había viajado a Puerto Rico para grabar con Residente, replicando su propia pieza, habitación, cuarto, etcétera: la misma que vemos en todos sus videos.

*

"El negocio, socio" es un lema de Balvin que nos lleva a pensar en ese Tego que Residente admira y que no fue rostro de una marca. Pero seguro hay quienes están pensando lo que yo estoy pensando. Residente fue rostro de Adidas y en "Calma, pueblo", dijo:

> Adidas no me usa, yo estoy usando Adidas.
> Mi estrategia es diferente, por la salida entro.
> Me infiltro en el sistema y exploto desde adentro.

Si no hubiera establecido un discurso tan fijo, no tendría que imponerse una coherencia que hace sospechar.

Para mucha gente, Residente se volvió agotador, no solo por esa sospecha tan falsa sino también por meterse en todas las causas: los mapuches, los estudiantes, los palestinos y, sobre todo, por andar enjuiciando al resto por no ser cómo él y más encima —en el caso de— tirarle caca a alguien que ya estaba en descenso.

Residente se indigna y nosotros nos cansamos de su indignación.

Pero tengo un problema que boicotea mi cansancio y disuelve mi propia coherencia: la entrevista de dos horas y cuarenta minutos en la que cuenta todo su rollo con J Balvin es con cervezas incluidas. No sé si por la tendencia natural a relajarse luego de hablar mucho rato o la tendencia natural a relajarse con el alcohol, Residente va divagando cada vez más, contando anécdotas que no tienen que ver con J Balvin —como que perdió la virginidad a los veinte—, poniéndose cada vez más divertido, y cuando vuelve a decir algo de Balvin da un poco de risa, por ejemplo, contar que para el lanzamiento de la tiradera J Balvin "hizo lo que mejor sabe hacer: engañar a su público. Subir una foto con su perro".

Tengo otro problema que boicotea mi cansancio.

Aunque no entiendo su vocación mesiánica, sí comprendo que quiera estar a la altura de él mismo. Puede ser medio agotador escucharlo hablar de todas las causas, pero entiendo que si alguien tiene una voz, quiera usarla. Por (casi) último: Calle 13 me dio muchos momentos de felicidad y con todos mis vaivenes hacia Residente, confieso esto: igual le pedí una foto una vez que lo vi en la calle.

Y se la pedí con mucha emoción.

++++++++++++++++++++++++++++++++++++++++++++++++

# 2

*Recuerden que cuando ustedes se estaban metiendo al agua*
*yo ya me estaba secando*
ARCÁNGEL, "Granjero"

Messi sacó su *playlist* para hacer ejercicio, tal vez más crucial que la lista anual de favoritos de Obama. "Messi: the warm up", se llama, y tiene una canción curiosa —para el ánimo que requiere el ejercicio—, pero Messi es Messi. La canción es "Otra noche en Miami", de Bad Bunny, que va sobre el tedio, la tristeza y la nostalgia de quien lo tiene todo, algo que siempre es medio irritante o chistoso para quienes no somos millonarios, pero Bad Bunny es Bad Bunny y la canción funciona porque casi el disco entero es melancólico, entonces la infelicidad y la nostalgia son verosímiles, contagiosas; y también funciona porque el fronteo —una forma de restregarle a otro en la cara que eres mejor que él— se intercala con la pena: Soy mejor, pero no te tengo a ti. "Soy Cristiano después de meter un gol", canta, pero esta es otra noche de soledad.

La mención a Cristiano me hace pensar algunas cosas. Que la *playlist* no la hizo Messi o que sí la hizo, pero no le puso atención a esa parte de la letra, o que alguien la hizo para provocar o que, ante todo, a Messi le da igual. No solo porque parezca imperturbable, también porque una estrella verdadera no necesita frontear ni se ocupa de sus supuestos enemigos porque para qué, si es el mejor.

Quizás esto funcione nada más que para Messi y no para las estrellas de lo urbano. Residente dice que sí funciona, que

Bad Bunny no frontea porque es LA estrella. Que J Balvin, de inseguro, de ridículo, de necesitado, insiste en decirnos que fue el primer latino en ser *headliner* de Coachella. Tiene un punto. Bad Bunny no se dedica al fronteo fuera de sus canciones en la medida en que lo hace Balvin, pero una de las mayores insistencias del Género es frontear en los temas. Lo hace Bad Bunny en casi todo el disco *Nadie sabe lo que va a pasar mañana*, lo hace Arcángel, lo hace Karol G, lo hace Young Miko y Daddy Yankee, LA otra estrella, restregándoles a todos precisamente eso: que es LA estrella (y por qué no hacerlo, si es bastante cierto). Además, no hay tiradera sin fronteo. Es necesario decir que eres mejor: o más calle, más consecuente en tu discurso/hechos, o que tu bicho, pico o chimbo —o el concepto formal: pene— es más cabrón que el del resto y que la novia de otro en realidad quiere estar contigo.

Como siempre, no puedo evitar ir a Rauw y a Rosalía. Cuando Rosalía sacó *Motomami*, hizo un *live* en que conversaba de los distintos temas del disco. El número seis, "Hentai", era una oda al pene de Rauw, al sexo con él: "Te quiero *ride*, como a mi *bike*, hazme un *tape*, modo *spike*, yo la batí hasta que se montó. Segundo es chingarte, lo primero es Dios".

En ese *live*, Rosalía dice que la canción como una tiradera inversa, una respuesta al amor de "Todo de ti", una canción que le hizo Rauw. O a "Museo", una reverencia que trata a la vagina como algo casi sagrado mientras que la metralleta que oímos en "Hentai" debe aludir a la eyaculación o, sepan disculpar la vulgaridad, a las heridas que puede dejar el amor.

Cuando crezcan donde yo crecí se críen donde me crié.

diablo me duele tanta baba.

tú me puedes provocar".

decir que pa' la cama voy.

ganas no vamo' a llegar.

esperados

Estoy brillando con highlighter, no lo ves.

un clavel en mi melena, no lo ves.

he subido quince stories, no lo ves.

y un ciego me estaba mirando

y un calvo se estaba peinando

y un sordo me estaba mirando

Es una lluvia de alcohol que te empapa.

una nube de humo que te arrebata.

sintió un hechizo de sus ojos de gata

que te seducen y en sus garras te atrapan.

Esa es una sata que ha vacilado contigo

y que ha puesto a vacilar a todos tus amigos.

aburrío del canto del pueblo unido,

ya hubiera vencido si por mí hubiera sido.

será construir un mundo latino.

Estoy brillando con highlighter, no lo ves.

un clavel en mi melena, no lo ves.

he subido quince stories, no lo ves.

Es una lluvia de alcohol que te empapa.

una nube de humo que te arrebata.

sintió un hechizo de sus ojos de gata

que te seducen y en sus garras te atrapan.

Esa es una sata que ha vacilado contigo

y que ha puesto a vacilar a todos tus amigos.

El cuerpo rozar.

Yo te digo: "sí, tú me puedes provocar".

Eso no quiere decir que pa' la cama voy.

Tengo reservado el hotel,

pero con estas ganas no vamo' a llegar.

Somos dos desesperados

por eso nos tuvimos que parquear.

Estoy brillando con highlighter, no lo ves.

un clavel en mi melena, no lo ves.

he subido quince stories, no lo ves.

Te juro que lo he tratado

pero es que ninguna sí te para al la'o.

Desde que te fuiste sigo trastorna'o.

Escuchando Master piece, baby, me siento down.

down, si no tengo de tu piel, down.

hacia abajo

hacia abajo

hacia abajo.

A mí me gusta cuando baja down down.

Si quieres ven y quédate otro round.

Aquí llegó el maestro.

Llegó Tego Calderón.

Con nosotros los ilegales

Llegó Tego Calderón.

Yo soy Don, criao' en

con carros de medi

aburrío de ver tantos muertos y tantas penas.

Es que rápido me enchulo por una buena.

Si me hablan lindo, me caso sin dilema

y me las como, desayuno almuerzo y cena.

Tú tienes una linda, yo feas tengo tres: eso en cuatro no se ve.

En cuatro, bruka, te agarro por el cuello y te pones sata.

Vamos a hacerlo: una, dos y a las tres ponte en cuatro.

Y darte en cuatro el 4 de julio.

No me vuelvas a decir nene

yo no soy tuyo ni de nadie

yo soy solo de mí.

Adidas no me usa, yo estoy usando adidas.

Mi estrategia es diferente, por la salida entro.

Me infiltro en el sistema y exploto desde adentro.

¿Dónde vas tú con tu juego?

Aquí llegó.

Aquí llegó.

Aquí llegó el maestro.

Llegó Tego Calderón.

con nosotros los ilegales

Hablando claro/tengo un problema.

Es que rápido me enchulo por una buena.

Si me hablan lindo, me caso sin dilema

y me las como, desayuno almuerzo y cena.

¿Tú crees que puedes

Ni una, de las tuyas

si tú ere' el cangri

yo soy el rey de la

Número dos, se apagó el fuego de la pasión.

y te quejabas como te hacía el amor.

Número tres, con todo y eso que fuiste su mujer.

Está hablando de espalda con todo el mundo que ve.

me llama y me dice que estoy loca,

una zorra y eso es lo que le toca.

es pasar por nuestro córner

sabes que te vas sin Jordan.

dao a cada una de nosotras

queremos matarte to'as.

te su mujer.

mundo que ve.

con carros de medi

y prendas que ha

Entonces, háblame

¿Tú crees que puedes competir conmigo, canción por canción?

Ni una, de las tuyas

si tú ere' el cangri

yo soy el rey de la

Yo estoy usando adidas.

Mi estrategia es diferente, por la salida entro.

Me infiltro en el sistema y exploto desde adentro.

Número dos, se apagó el fuego de la pasión.

y te quejabas como te hacía el amor.

Número tres, con todo y eso que fuiste su mujer.

Está hablando de espalda con todo el mundo que ve.

Tu mujer me llama y me dice que estoy loca,

una zorra y eso es lo que le toca.

por nuestro córner

vas sin Jordan.

No soy tu nene, no.

# VI

# AMIGAS (Y AMIGOS)

KAROL G

++++++++++++++++++++++++++++++++++++++++++++++++++

*Marica, ¡ya!*
KAROL G, "200 copas"

El tatuaje más icónico de Karol G es un corazón de púas en el brazo. Tan icónico que está en la nueva camiseta del Barça. Pero el que no se me olvida es uno del antebrazo en el que aparece una especie de monte en el que está Selena Quintanilla, Rihanna y la mismísima Karol. "La gente debería hacerse tatuajes de sí misma. Solo tú puedes saber lo difíciles que han sido las cosas para ti".

Karol G —o Carolina Giraldo Navarro— cuenta que su mamá era mesera cuando Pablo Escobar le dio una propina tan tremenda que cambió la suerte familiar. No es que se hayan vuelto millonarios, pero se recuperaron económicamente y desde esa recuperación decidieron consagrarse —padre y madre, pero sobre todo padre— a la carrera de Karol. Vendieron el auto para ayudarla, repartían CD con su música en buses, pueblos y a gente en la calle. Averiguaban en alcaldías y colegios si es que podía ir a interpretar canciones de Ivy Queen y La Factoría, intercalando canciones propias.

Hasta que Karol se cansó y el año 2012 se fue a estudiar en Nueva York. El padre vio a la empresa de su vida desmoronarse y dejó de hablarle a Karol por tres meses: "Estás tirando por la borda siete años de trabajo arduo. Sé quién eres. Sé que podemos conseguirlo. Es difícil, pero cuando lo logremos, será más grande que lo demás".

"Mi familia me hace humana, Dios me hace fuerte", dice otro de sus tatuajes, este en las costillas. Y para Karol ese típico dicho de señora que dice que Dios escribe derecho sobre renglones torcidos es bien cierto.

Cuando más quería olvidar la música en Nueva York, el Dios de Karol la hizo ver un anuncio de una conferencia sobre la industria de la música en Boston. Sintió que tenía que ir y volvió a lo suyo: la música no era solo pasión. También era un negocio por el que se podía trabajar de determinada forma.

Hacer plata es un arte, dice C. Tangana, y Karol G empezó a ir en esa línea, espantando la timidez y agarrando la fuerza necesaria para volver a Medellín y convencer a Nicky Jam, por ejemplo, de que tenía que dejarla cantar con él. En ese escenario la vio el productor Ovy on the Drums, que luego ha estado en los puntos más altos de su carrera: "Tusa", "TQG", "Provenza" o "El makinón".

En alguna gente de Puerto Rico está la idea de que Karol G empezó a pegar más por pololear con un puertorriqueño, Anuel, pero puedo jurar que Karol G se habría hecho espacio igual. Es como cuando dicen que Bad Bunny pegó porque J Balvin le dio una mano. Son hechos que aceleran el proceso, que no es poco, pero es eso. Lo que sí es que la ruptura de los tres años de amor con Anuel dio material.

*

Hay un libro que se llama *Todo va a estar bien* y su autora, Power Paola, dice que esa frase —"Todo va a estar bien"— es la más triste que podría existir porque en realidad todo está mal, muy mal, y lo único que existe es esa frase de consuelo para un buen futuro que ojalá llegue.

Karol G tiene su propio *Todo va a estar bien*: *Mañana será bonito* es el nombre de su último disco. "No te pongas triste, mami, no llores"; canta Karol a sí misma, pienso, fundándome en que el disco viene luego de su ruptura con Anuel. "Un desamor en serio te puede destruir la vida. Si uno no tiene la fuerza interna suficiente, un desamor te puede confundir a tal punto que se te desmorone la carrera, la personalidad, la autoestima. A mí me pasó eso", dice en una entrevista sobre el disco, sobre su vida.

El camino desde un mañana que será bonito al momento en que ya llega a serlo, es trazado en sus distintas etapas que empiezan en un disco anterior, mi favorito, *KG0516*:

- Las fiestas pésimas y las borracheras tristes de "Tusa".
- La persuasión para que quien sufre se convenza de que el otro es un mierda en "Gato malo" y "200 copas".
- El momento en el que se deja de sufrir y hay un reencuentro con algún ex de hace siglos de "Provenza".
- El momento "Cairo", en el que se comienza a ceder al amor y lo citaré porque me gusta mucho:

> No sé qué me ha pasao.
> El encule me ha ganao.
> Por ti no tengo ganado.

Y todo este camino de duelo y su fin, termina con "Tus gafitas", que contiene la aceptación total de enamorarse una vez más ("No creía en el amor, pero por ti vuelvo a creer"). En ese camino no solo se canta a ella misma, sino que también a la amiga en duelo.

Sofía Vergara, divorciada reciente, cuenta que las canciones de Karol G la hacen llorar. Pero no es necesario ser Sofía Vergara para llorar o encontrar consuelo en Karol G.

Hace dos años, en su concierto en el Movistar Arena de Santiago, nos decía "Marica, ya", para llamarnos a dejar de insistir en el sufrimiento y todas le hacíamos eco emocionadas pensando en los sufrimientos pasados, presentes y futuros. Tal vez pensando en otro de sus tatuajes, que dice: "Y esto también pasará".

*

Me gustaba terminar este capítulo así —con la frase "y esto también pasará"—, porque es un final perfecto, como cuando una gimnasta cae lenta e implacable, con los pies juntos y termina su rutina.

Pero está Bad Gyal y una línea distinta de la amistad. Una de camaradería circunstancial para un objetivo: ver el mundo arder, ver al hombre arder. En "Zorra" no es la mujer la zorra, sino el tipo al que amaba, quien le hacía creer que ese amor y fidelidad era recíproco hacia ella y un montón de mujeres más.

> Tu madre me llama y me dice que estoy loca,
> "tú hijo es una zorra y eso es lo que le toca".
> Tú no puedes pasar por nuestro córner
> porque tú sabes que te vas sin Jordan.
> Te has chinga'o a cada una de nosotras
> y ahora queremos matarte to'as.

Cada una de las mujeres a las que vemos besando al tipo zorra en el video le dicen que se junten en una cita romántica. Es una trampa. Bad Gyal estaciona su moto, baja y camina hacia él, quien va a su encuentro hasta que se da cuenta de que todas las mujeres que creía suyas también se le acercan.

La escena corta a la zorra amarrado en una silla, ensangrentado, con una cinta adhesiva en la boca mientras las mujeres lo rodean haciendo una coreografía a la luz de las velas que arden.

Otro corte de escena a los dientes de la zorra cayendo.

Otro, y Bad Gyal aparece comiendo un ramen, como si nada. Es una lucha de lealtad contra deslealtad.

*

No la misma lealtad de la que hablan los hombres en sus canciones, otra forma de amistad, también de cofradía, pero con una agrupación concreta, no solo performática en un video. Hace años, el 2018, Polimá me dijo en una entrevista que uno de sus objetivos era tener una mansión compartida entre los Brokeboyz, su corillo —dirían en Puerto Rico—, junto a los Shishigang, de Pablo Chill-E. La lealtad no solo es con los amigos, también con la familia de sangre, más bien con las mamás, y se ve en los homenajes de las canciones o en una devolución de mano que suele ser una casa nueva: aquí recuerdo a Pailita subiendo a su Instagram la casa que le regaló a su mamá.

*

Anuel tenía veintitrés años y caminaba esposado por un policía. "¿Algo que decir Emmanuel?", le pregunta una periodista. "Me voy a cagar en la madre del diablo. No entiendo lo que me está pasando", responde. "Te hallaron con armas ilegales", le dice la periodista. "A quién". "A ti". "Tú hablas como si tú estabas ahí". Lo condenaron a treinta meses y luego le rebajaron la pena a diez años por buena conducta. La cárcel le dio una mística de la calle que podría no haber tenido: es hijo de un músico y empresario que fue vicepresidente de Sony, aunque eso no me importa tanto acá como me importa la lealtad. El movimiento #freeanuel estaba compuesto por gente como Ozuna —que posteó una foto con Anuel junto al *hashtag* lealtad—, Wisin, Zion y Lennox, Daddy Yankee; y tuvo un sitio web con el nombre #freeanuel. Además, contó Anuel, Tego Calderón le pagó un abogado mientras estuvo encerrado. A veces la mala fama puede ser buena. Cuando salió de la cárcel, pegó palo tras palo. Ahora —tal vez— cayó en desgracia de popularidad, aunque solo como una persona con 32.800.000 de oyentes mensuales en Spotify puede caer.

Es una lluvia de alcohol que te empapa.
una nube de humo que te arrebata.
sintió un hechizo de sus ojos de gata
que te seducen y en sus garras te atrapan.

Estoy brillando con *highlighter*, no lo ves.
un clavel *en mi melena*, no lo ves.

y un calvo se estaba peinando
y un sordo me estaba mirando

aburrío del canto del pueblo unido.
ya hubiera vencido si por mí hubiera sido.

Ahora todo
será construir un mundo latino.

Estoy brillando con highlighter
un clavel en mi melena

Es una lluvia de alcohol que te empapa.
una nube de humo que te arrebata.
sintió un hechizo de sus ojos de gata
que te seducen y en sus garras te atrapan.
Esa es una sata que ha vacilado contigo

pero les falta razón, batería y reggaetón.

digo que "no, no, no van a poder".

El cuerpo rozar. Diablo me duele tanta haba.
yo te digo: "sí, tú me puedes provocar".
Eso no quiere decir que pa' la cama voy.
Tengo reservado el hotel,
pero con estas ganas no vamo' a llegar.
Somos dos desesperados
por eso nos tuvimos que parquear.
y nos espera el asiento.

brillando con highlighter, no lo ves.
un clavel en mi melena, no lo ves.
He subido quince stories, no lo ves.

Y te juro que lo he tratao
pero es que ninguna se para al la'o.
Desde que te fuiste sigo trastorna'o.

down, si no tengo tu piel, down.

hacia abajo. A mí me gusta cuando baja down
hacia abajo
hacia abajo.

un clavel en mi melena, no lo desnudas.
He subido quince stories, no lo ves.

Hablando claro/tengo un problema.
aburrío de ver tantos muertos y niños
Es que rápido me enchulo de las nenas.
Sí me hablan lindo, me caso sin dilema
y me las como, desayuno, almuerzo y cena.

Tú tienes una linda, yo feas tengo tres: eso en cuatro no se ve.
En cuatro, bvka, te agarro por el cuello y te pones sata.
Vamos a hacerlo: una, dos y a las tres ponte en cuatro.
y parte en cuatro el 4 de julio

Aquí llegó el maestro.
Llegó Tego Calderón.
con nosotros los tiraeros
Llegó Tego Calderón.

Yo soy Don, criao
con carros de me
y prendas que ha

Y te juro que lo
pero es que ning
desde que te fuis
Escuchando Mas
down, si no tengo

Escuchando Masterpiece, baby, me siento down.
down, si no tengo tu piel, down.

No me vuelvas a decir nene.
Yo no soy tuyo ni de nadie.
yo soy solo de mí.

aquí llegó.
aquí llegó.
aquí llegó el maestro.
llegó Tego Calderón.
con nosotros los tiraeros

¿Dónde vas tú con tu juego?

Adidas no me usa, yo estoy usando adidas.
Mi estrategia es diferente, por la salida entro.
Me infiltro en el sistema y exploto desde adentro.

Número dos, se apagó el fuego de la pasión.
Y te quejabas como te hacía el amor.

me llama y me dice que estoy loca,
una zorra y eso es lo que le toca.
des pasar por nuestro córner
sabes que te vas sin Jordan.
chinga'o a cada una de nosotras
queremos matarte to'as.

Con carros de medio millón
y prendas que hacen cambiar la opinión

Entonces, hablamos
¿Tú crees que puedes competir conmigo, canción por canción?
Ni una, de las tuyas
si tú ere' el cangri
yo soy el rey de

Número tres, con todo y eso que fuiste su mujer
Está hablando de espalda con todo el mundo que ve.

Adidas no me usa, yo estoy usando adidas.
Mi estrategia es diferente, por la salida entro.
Me infiltro en el sistema y exploto desde adentro.

Tu madre me llama y me dice que estoy loca,
una zorra y eso es lo que le toca.
No puedes pasar por nuestro córner
porque tú sabes que te vas sin Jordan.

Número dos, se apagó el fuego de la pasión.
Y te quejabas como te hacía el amor.
Número tres, con todo y eso que fuiste su mujer.
Está hablando de espalda con todo el mundo que ve.

¿Tú crees que pu
Ni una, de las tu
si tú ere' el cang
yo soy el rey de

No soy pobre, no soy rico.

Te has chinga'o a cada una de nosotras

# VII

# AMOR (O ESTAR SOLTERA ESTÁ DE MODA)

PLAN B

++++++++++++++++++++++++++++++++++++++++++++++++++

*Soltó el corazón, sacó a pasear la maldá*

LUNAY *FEAT* DADDY YANKEE Y BAD BUNNY

"Soltera remix"

El 10 de mayo del año 2019 vemos el siguiente video: una limusina se estaciona frente a una torta tremenda de novios, pero sin novios. Baja una mujer con velo de novia, con una botella de champán en vez de un ramo de flores y el vestido no es largo y blanco, sino tan rosado y corto como el de las dos amigas que vienen tras ella. La soltera principal se para frente a la torta en la que está sentado Lunay, se contonea, y toma directo de la botella de champán mientras Lunay la mira con cara de maldad y alegría; y Bad Bunny canta que "ella solo quiere joder, vacilar". Solo quiere eso, pero no es solo ella: la acompañan todas las amigas que vendrán. Con un chiflido, la soltera principal las llama para que se bajen de la limusina y ahí, frente a todas, el canto de Lunay explota —"Estar soltera está de moda, por eso ella no se enamora"— y esta explosión condensa el pasado del reggaetón, sabe delinear ese presente —el del 2019— y contendrá cierto futuro.

Soltera principal, dije, por un asunto práctico. Es la protagonista del video, la recién-no-casada, pero cualquiera de las amigas podría llegar a ser quien necesite una frase que consuele y atrinque: "Estar soltera está de moda".

Condensa el pasado: Daddy Yankee está sentado a la mesa de las solteras.

Veintiún años antes lanzaba la canción "Ella está soltera", que parte así:

> Ella esta soltera,
> con sus amigas revuelta
> va pa' la disco y a nadie le rinde cuenta.

Y entonces una piensa que será una canción de jolgorio, pero de inmediato el tema se quiebra con la voz de Nicky Jam, en esto que bien podría decirle una amiga a otra:

> Gyal, ven,
> Si hace tiempo no sientes placer,
> no te trata como se debe a una mujer,
> te sientes sola
> y no sabes qué hacer.

Y luego volvemos a Daddy Yankee, que ahora asume la voz del conquistador de la soltera, con la ancestral estrategia de ninguneo al ex:

> Número dos, se apagó el fuego de la pasión.
> Y te quejabas como te hacia el amor.
> Número tres, con todo y eso que fuiste su mujer.
> Está hablando de espalda con todo el mundo que ve.

La canción puede tener distintas lecturas. Nicky y Daddy son dos personajes distintos —la amiga y el conquistador— o son un solo hombre con dos estrategias para el mismo fin: prestar oreja y barrer con el otro para poder quedarse con ella.

Una tercera lectura es que la canción sea como la vida misma, con las contradicciones de una soltería reciente. Desenfreno ante el derrumbe, ante la pulsión de comerse a alguien, derrumbada.

*

En *Porque demasiado no es suficiente*, la escritora Mariana Enríquez escribe que impera una idea bien masculina de abordar la forma de hablar de música, como si decir "oye este solo de bajo / oye y este *riff*" fuera un modo más válido (menos femenino) que el de desear el cuerpo de un cantante o pesquisar en las letras alguna señal que mezcle vida y obra. En realidad, todo es *performance*; Rauw y Rosalía lo entendieron mientras estuvieron juntos, tanto que anunciaron matrimonio en un EP, el 24 de marzo del 2023, y estar soltera dejó de estar de moda.

Ese EP fue un regalo. Algo así como los regalos que dan los novios a sus invitados en los matrimonios —llaveros o imanes con sus propias caras—, pero es un buen regalo, con el perdón de quienes hayan regalado llaveros e imanes. El regalo tenía tres canciones: "Beso", "Vampiros" y "Promesa": la declaración de amor mutuo, el deseo de cuerpo y fiesta, y el manifiesto amoroso. Al final del video de "Beso" vemos a Rosalía llorando y diciendo "Y todo el rímel aquí corrido, te amo", seguido de un besito a Rauw mientras sostiene la caja del anillo que acaba de recibir. El romance del video es un romance de la vida real de una pareja que en realidad estuvo junta con una petición de matrimonio verdadera: en una entrevista Rosalía contará que Rauw hurgaba y hurgaba en sus bolsillos sin poder encontrar el anillo. Cuando lo encuentra, ella llora, y el rímel... ya sabemos.

Todo esto nos produjo un "awww", fe en el amor y las ganas de pesquisar cada señal previa del romance. Pesquisar es releer, porque cuando una se va enterando de algún asunto de la vida del artista, las canciones vuelven a escucharse con una urgencia nueva y con la felicidad de encontrar la evidencia: las fans de la expareja Rauw-Rosalía podemos decir que nos sentimos brillantes al escuchar "Aquel Nap ZzZz", en la que canta "Tú, mi 24 de diciembre", guiño a la fecha en la que partió con Rosalía.

Hay peligro en RR. Todo regalo de novios está sujeto al posible chisme ante una separación. "Mira la plata que se gastaron en el matrimonio. Mira que no duraron nada". Y cuando hay mejor corazón, está sujeto a la tristeza. "Si ellos terminaron ya no creo en el amor". Está el peligro del juicio a una de las personas de la pareja. El peligro de hacer de la vida real algo que luce muy real. Rosalía y Rauw terminaron abruptamente —al menos para sus fans— y las ganas de pesquisar se volcaron a las señales del quiebre.

Para sostener la tesis de que la soltería muere con Rauw y Rosalía, no he mencionado que la canción no es un reggaetón-reggaetón, sino que pertenece al ámbito de temas con *beats* más o menos reggaetoneros, cantados por alguien que hace reggaetón con frecuencia (Rauw) y alguien que solo a veces (Rosalía). Tampoco mencioné que la misma Rosalía, junto a su ex (C. Tangana) cantó "Antes de morirme" y "Llámame más tarde" ni que Anuel y Karol G hicieron la canción "Secreto", en la que se sucedían imágenes de la vida cotidiana, tales como lavarse los dientes juntos. Pero entre los videos de "Beso" y "Secreto" hay algunas diferencias: las imágenes de la vida cotidiana de "Secreto" incluyen cosas que nadie hace, como guerra de almohadas. Además, el video está grabado de manera profesional mientras que "Beso" genera la ilusión de espontaneidad mediante su Handycam, y aunque ya estaba hablando con el escudo de "a título personal", diré un asunto más para convencerme de que tengo la razón: a la mayoría le gustaba más la pareja de Rosalía y Rauw que la de Anuel y Karol G; responsabilizo a Anuel.

De todo esto, tres cosas en limpio:

Rauw y Rosalía son los primeros en construir de forma muy verosímil una realidad amorosa de su realidad amorosa.

Descubrimos algo que ya sabíamos: la gente termina. Y algo que quizás no sabíamos: el duelo del fan puede durar más que el duelo de los implicados en la relación.

Estar soltera volvió a estar de moda. El sistema de sonido "El soltero" de El General (les recuerdo que lo tenían que recordar) no solo fue un equipo de música sino también un sistema ético, que en los 2020 se expandía hacia nuevos lugares: No te enganches, voy a dañarte, yo te advertí, no te quejes después; algo muy Bad Bunny: "Tú sabías lo que había, *baby*, el romance no es mi área, no, no me digas que te enamoraste de mí" en "La santa" o "Hazle caso a tu amiga, ella tiene razón, voy a romperte el corazón, a romperte el corazón" en "Titi me preguntó".

Pero también incorporaba lugares antiguos: igual que en "Soltera" de Daddy Yankee y Nicky Jam, la soltería de Bad Bunny o de algunos temas de Karol G parte de cierta tristeza evidenciada en la coraza que se pone en el corazón para no volver a enamorarse.

Existe un tema, sí, que sale de todo orden. La soltera está absolutamente emancipada del dolor y no explica su vocación de libertad desde un sufrimiento anterior. No hay ningún "no me enamoro porque me hicieron daño". Esta soltera viene desde el disfrute y va hacia el disfrute. Y quien la propone es Plan B.

*

## Plan B (Chencho y Maldy)

*Si las buenas van al cielo*
*Y las malas a to'as partes*
*¿Dónde vas tú con tu juego?*
PLAN B *FEAT.* ALEXIS Y FIDO, "El matadero"

El mejor dúo de la historia del reggaetón partió como un juego. Chencho y Maldy —de maldito, porque se portaba pésimo— eran primos y organizaban shows de talentos en la casa de su abuela, Dios la bendiga, aunque ellos no tuviesen ninguna bendición. La década del noventa terminaba, el reggaetón aún era el *underground*, Chencho y Maldy cambiaban el juego por la música profesional, pero a la familia no le gustaba que hicieran *esa* música. El disgusto duró hasta que tuvieron la validación que da el éxito. Al sacar el tema "Plan B", que hablaba sobre una "amiga" de ambos —me hacen falta más comillas—, la gente empezó a reconocerlos como "los Plan B" y ellos se dejaron bautizar. Desde ahí, vino un ascenso muy distinto a los de ahora, pero también para entonces: lanzaron su primer disco el año 2002, el segundo el 2010 y el tercero el 2014; como si cada disco fuera un debut. De todos los debuts, mi favorito es *Love and Sex*, año 2014, donde aparece Candy. Y en esa canción se condensan las claves que hacen de Plan B el mejor dúo de la historia del reggaetón, una consideración personal —por supuesto—, así que me pueden contradecir en sus mentes.

Sé que Wisin y Yandel es tremendo en su épica, Zion y Lennox en la felicidad que desprende (¿hay una canción más feliz que "La player"?) y R.K.M & Ken-Y en su tristeza —por nombrar algunos—, pero en Plan B gozamos como nunca el lenguaje, su ingenio, la rima que no deja de sorprender.

Tanto Chencho como Maldy lo hacen perfecto. Frasean como si fueran al ritmo de las olitas de un mar amable y tienen voces distinguibles; pero creo que es Chencho el que eleva al dúo a la trascendencia o —más bien— se ha elevado a sí mismo a la trascendencia.

No quiero dejar de homenajear a Maldy solista, que ha sabido hacer la inolvidable frase que es ya una marca —"Sin Maldy no hay perreo"— en "Gatúbela"; pero Chencho... Chencho es tan bueno que lo que más temo en este libro es que saque el disco que hemos esperado por siglos —su último fue con Plan B en 2014—, cuando esto esté justo en imprenta y yo vea cómo se transforma en EL DISCO DEL AÑO, y no lo haya podido incorporar. Chencho es tan bueno porque es extraño: su voz no solo es aguda —es chillona—, marca las "s" colindando con el seseo y todo eso la hace adictiva, extrañamente sensual e inolvidable, la más de los hombres del Género, junto a la voz de serpiente de Arcángel. Además está la rima, que vuelve gigantes cada una de sus colaboraciones, confundiéndonos: ¿cuál es la mejor? ¿"Me porto bonito", con BB? ¿"Desesperados", con Rauw? ¿"Una locura", con Balvin y Ozuna?

En esta página escojo "Me porto bonito", una de las más escuchadas de BB en Spotify, con 1.788.435.822, donde cambia la acentuación de las palabras para dar con la perfección:

Mami tú ere' élite.
No te me *límite*.
Déjame hacerte lo que *amérite* y te *lévite*.
Dale pa'l *escóndité*.
No te me *arisqué*.
Que aquí no va' a poder llegar lo' *satélité*.

"Chencho es la bestia, *brother*, ese hombre no dice una palabra sin pensar", cuenta Fino como el Haze, el productor de su disco solista.

Palabras exactas, lenguaje preciso: la conquista de la Nueva Religión no es solo la de no necesitar más lengua que el castellano, sino también qué castellano, y acá me gustaría usar signos de exclamación porque ¡qué castellano! Advierto que voy a pelear sola: quienes dicen que el reggaetón no tiene valor en sus letras, nunca lo han escuchado con atención. El goce que produce, por ejemplo, "La player (bandolera)" de Zion y Lennox cuando elogian a la bandolera diciendo: "Tu mai y tu pai en tu casa? / Lo que hicieron fue una amenaza", conmueve. Pero sobre todo conmueve el aprendizaje y la unión. Según el cronista argentino Martín Caparrós, es el reggaetón el que ha sido capaz de cumplir el sueño bolivariano —la unión de Latinoamérica— porque entendemos palabras puertorriqueñas que antes no entendíamos, incorporamos el concepto perreo, sabemos lo que es la dominicana "popola", vemos cómo la nueva importancia de Chile hace que en una colaboración de Polimá Westcoast y Balvin se use con toda normalidad la chilenísima conjugación en las palabras "grabái", "acordái" rimando con el puertorriqueño "mai", escuchamos a Peso Pluma y entendemos palabras como "morra".

*

Me doy cuenta de algo. Pasé del dúo Plan B a sus actualidades solistas y ni me detuve en la separación, siempre fuente de morbo. Maldy, que ha dado más entrevistas que Chencho luego de eso, cuenta que el asunto fue por conveniencia. Raphy Pina, su eterno productor y fundador de la disquera Pina Records, los había demandado por incumplimiento de contrato: se supone que debían dos discos, pero tenían algunos problemas —hasta ahora permanecen como un misterio— que los llevaron a escoger disolverse. Antes de seguir, es necesario un momento para Raphy, uno de los grandes productores del Género, que ha estado tres años en la cárcel por posesión ilegal de armas y saldría el 24 de mayo, tres días después de la escritura de esta página, mientras Natti Natasha —su esposa— lo espera pacientemente. No es el primer problema de Raphy: también ha terminado mal con otros artistas. Sé que parece que me estuviera orientando a que Plan B sea intachable, pero lo cierto es que Maldy cuenta que llegaron a un acuerdo "favorable" para las dos partes y dice: "A veces uno quiere cogerlo así: «mira Iina cabrón», pero de verdad él fue una pieza clave".

Ahora que están libres de Raphy, Chencho y Maldy han tomado dos líneas de declaraciones. Maldy, por su lado, dice que todo dúo está destinado a volver y él no piensa oponerse al destino. Chencho, por el suyo, dice que él ha buscado no alimentar su nueva carrera de la gloria pasada. Tan así que tiene un nuevo nombre, Chencho Corleone, puesto por Tito el Bambino. Corleone, no por mafioso, sino porque —dice Chencho—: "yo siempre he sido una persona a la que le gusta bregar líneas".

Debo volver atrás porque yo hablaba de "Candy" y *Love and Sex*, que tiene algo de *love*, pero sobre todo de *sex*, especialmente en los primeros temas, que se caracterizan por dos cosas: la mujer es muy audaz en demostrar su deseo, y su vocación de soltera —lo dije antes— no viene de protegerse del dolor que genera el fracaso amoroso ni es una impostación que esconde las ganas de estar en serio con el otro. Sobre lo primero, tenemos a "Fanática de lo sensual", donde Maldy dice: "Y me habla de una manera que ni yo me atrevería". Sobre lo segundo, por fin "Candy".

¿Quién es Candy? Una chiquilla que quiere fiesta y sexo. Una chiquilla inatajable y joven. Una chiquilla que se crispa cuando le sugieren algo amoroso: "Se pone *cranky* si lo hago *romantic*", cantan y gracias a Google aprendo que *cranky* es malhumorada.

Por si alguien está recordando que en el tema se habla de novios, no olvidemos que "cambia más de novio que de panty", presentándose como alguien parecida a lo que canta el ex dúo chileno Zk & Crac Mc en "Soltero mental". No es que Candy no tenga muchos novios. Es que tienen tan poca importancia que ni siquiera tienen nombre. Por ejemplo en "Titi me preguntó", las muchas novias suelen tener nombre o alguna característica reconocible. Además, ya lo había dicho, de la explicación dolida de Bad Bunny sobre su imposibilidad de enamorarse: "*Sorry*, yo no confío".

Diablo me duele tanta baba.

tú me puedes provocar".

decir que pa' la cama voy.

ganas no vamo' a llegar.

desperados

pero les falta razón, batería y reggaetón.

lo que "no, no, no van a poder".

Estoy brillando con highlighter, no lo ves.

Un clavel en mi melena, no lo ves.

Es una lluvia de alcohol que te empapa.

una nube de humo que te arrebata.

sintió un hechizo de sus ojos de gata

que te seducen y en sus garras te atrapan.

Esa es una sata que ha vacilado contigo

y que ha puesto a gatear a todos tus amigos.

Aburrío del canto del pueblo unido,

ya hubiera vencido si por mí hubiera sido.

será construir un mundo latino.

Estoy brillando con highlighter

un clavel en mi melena

he subido quince stories,

Es una lluvia de alcohol que te empapa.

una nube de humo que te arrebata.

sintió un hechizo de sus ojos de gata

que te seducen y en sus garras te atrapan.

Esa es una sata que ha vacilado contigo

y que ha puesto a gatear a todos tus amigos.

Cuando crezcan donde yo crecí se crían donde me crían.

El cuerpo rozar. Diablo me duele tanta baba.

Yo te digo: "sí, tú me puedes provocar".

Eso no quiere decir que pa' la cama voy.

Tengo reservado el hotel,

pero con estas ganas no vamo' a llegar.

Somos dos desesperados

por eso nos fuimos que parquear.

nos espera el asiento.

Estoy brillando con highlighter, no lo ves.

un clavel en mi melena, no lo ves.

he subido quince stories, no lo ves.

Un clavel en mi melena, no lo ves.

he subido quince stories, no lo ves.

una aventura

no lo dudo te desnudas.

Y te juro que lo he hablado

Pero es que ninguna si te para al la'o.

Desde que te fuiste sigo trasnocha'o.

Escuchando Masterpiece, baby, me siento down

Down, si no tengo de tu piel, down.

hacia abajo. A mí me gusta cuando baja down, down

hacia abajo que ahí se quede ahí envenenao.

hacia abajo. Yo dice: baby, suena interesante,

si quieres ven y quédate otro round.

Aquí llegó el maestro.

Llegó Tego Calderón.

con nosotros los malditos.

Llegó Tego Calderón.

Tú tienes una linda, yo feas tengo tres: eso en cuatro no se ve.

En cuatro, bruka, te agarro por el cuello y te pones sata.

Vamo' a hacerlo: una, dos y a las tres ponte en cuatro.

Y darte en cuatro el 4 de julio.

Hablando claro/tengo un problema.

Es que rápido me enchulo de las nenas.

Si me hablan lindo, me caso sin dilema

y me las como, desayuno, almuerzo y cena.

Aburrío de ver tantos muertos y tanto... el pueblo y las nenas.

No me vuelvas a decir nene

yo no soy tuyo ni de nadie

yo soy solo de mí.

Aquí llegó.

Aquí llegó.

Aquí llegó el maestro

Llegó Tego Calderón.

con nosotros los malditos

Llegó Tego Calderón.

Adidas no me usa, yo estoy usando adidas.

Mi estrategia es diferente, por la salida entro

Me infiltro en el sistema y exploto desde adentro.

¿Dónde vas tú con tu juego?

Número dos, se apagó el fuego de la pasión.

Y te quejabas como te hacía el amor.

Yo soy Don, criao en

con carros de medio

y prendas que hab

Entonces, háblame

¿Tú crees que puedes

Ni una, de las tuyas

si tú ere' el cangri

yo soy el rey de la

me llama y me dice que estoy loca,

una zorra y eso es lo que te toca

es pasar por nuestro córner

sabes que te vas sin Jordan.

Yo soy Don, criao en

con carros de medio

y prendas que hab

Entonces, háblame

Tú crees que puedes competir conmigo, canción por canción

Ni una, de las tuyas

si tú ere' el cangri

yo soy el rey de la

Tu madre me llama y me dice que estoy loca,

una zorra y eso es lo que te toca".

pasar por nuestro córner

tú sabes que te vas sin Jordan.

To'as chinga'o a cada una de nosotras

Adidas no me usa, yo estoy usando adidas.

Mi estrategia es diferente, por la salida entro.

Me infiltro en el sistema y exploto desde adentro.

Número dos, se apagó el fuego de la pasión.

Y te quejabas como te hacía el amor.

Número tres, con todo y eso que fuiste su mujer.

Está hablando de espalda con todo el mundo que ve.

quieremos matarte to'as.

de su mujer.

mundo que ve.

# VIII

# NUEVAS FORMAS DE ESTAR TRISTE

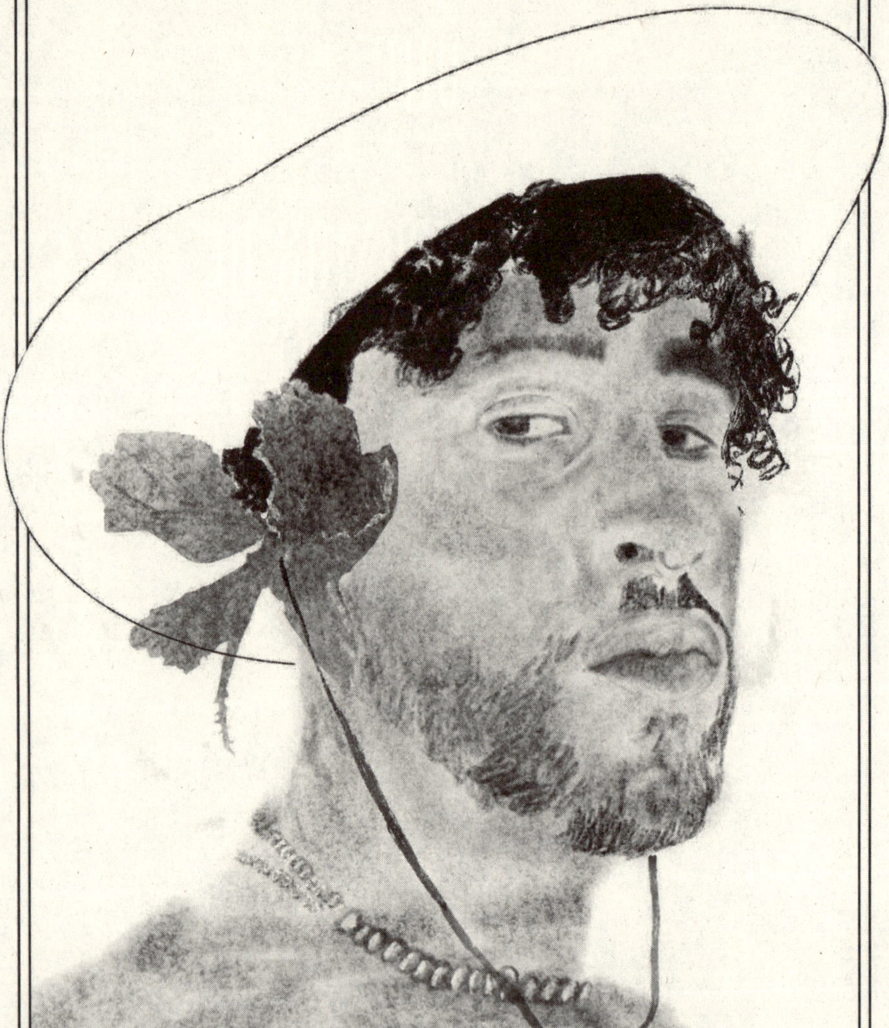

BAD BUNNY

++++++++++++++++++++++++++++++++++++++++++++++++++++

Sin ninguna encuesta, puedo asegurar que si pregunto cuál reggaetón se asocia con la palabra "playa", lo primero que mi público imaginario cantará es:

> Sol, playa y en la arena.
> Vamo a allá.
> Que hace calor, hace calor.
> Quítate el pantalón.

De "Sol, playa y arena" —Tito el Bambino, año 2007—, en la que la playa no es solo un espacio para chapotear o tomar sol y lo mismo pasará en "Entre la playa, ella y yo" —Big Yamo, 2011— en la que amiga y amigo enrarecen su amistad tirando en la playa, testigo única y final del asunto. Menos icónica que "Sol, playa y arena" para el colectivo, pero muy icónica en mi corazón: "Sexo en la playa" —Ñejo y Dálmata, 2007—, donde la playa no solo es el espacio que acoge y propicia para chingar, sino también para metaforizar el acto:

> Yo ando hasta con caseta montá.
> Ready pa' pasarme de la raya,
> Pa' jugar vóleibol sin malla.

La lista sigue y sigue y sigue, pero no hay ánimo de abrumar, así que termino mencionando a "Despacito" —Fonsi *ft* Daddy Yankee, 2017—, un antes y después en la historia del reggaetón a la que solo no le he dado espacio por el injusto hecho de que para mí no fue ningún antes y después. No me gusta hablar mal de nadie —no en público— pero cualquier cosa que yo diga no le hace ningún rasguño a una canción que por un tiempo fue lo más visto de YouTube, con más de ocho mil millones de visitas, una cifra que no podría escribir rápido (ni lento) en números sin guglear. Luego la superó otra canción de playa. "Baby Shark", que está lejos del reggaetón de Daddy o de la balada de Fonsi: es un tema para niños de una productora coreana. Si soy precisa, debiera decir también que de cierta forma está lejos de la playa. Es una canción suboceánica, de peligro y salvación ante los tiburones, mientras que "Despacito" se mantiene arriba:

> Despacito
> vamo' a hacerlo en una playa en Puerto Rico
> hasta que las olas griten "ay, bendito"
> pa' que mi sello se quede contigo

Pero también hay otras playas.

O esta: Playa Vacía Talega.

*

Lo que contaré pasó un día de abril del año 2023 por obra y gracia de Tito, el mismo que me presentó al excorista de Tego Calderón y que ahora me pasaba a buscar para dar un paseíto por El Yunque, un bosque tropical a cincuenta kilómetros de San Juan, en el que partimos caminando con algunas nubes y terminamos escondiéndonos del aguacero. Mojados, nos subimos al auto, de vuelta a San Juan, pero sin apuro. Íbamos parando en distintos locales porque Tito dijo que seguro que el mofongo que había probado durante el viaje no era mofongo bueno por no sé qué forma en la que machacan el plátano y que la piña colada que había tomado todos estos días debía ser una versión bien desmejorada de la verdadera piña colada, que él ha visto la trampa: ahora le ponen helado. Tito no toma alcohol desde hace un año, así que tomé sola y procuré ser medida para no mostrar la hilacha. Es aburrido tomar sola, hasta que una deja de pensar en que el otro no está tomando. Eso pasó con dos piñas coladas, cada cual con doble *shot* de ron. Y eso que pasó podría explicar lo que pasó después, absolutamente inusual.

Tito estacionó en Playa Vacía Talega.

Yo me bajé corriendo, me detuve para sacarme zapatillas-short-polera y, en traje de baño, volví a correr hacia el mar.

Descrito así no es inusual, pero yo nunca corro y me da más vergüenza estar en traje de baño que sin ropa —asunto largo e irrelevante de explicar—; entonces lo último que haría es correr en traje de baño. No me movió solo la piña colada doble *shot*. Antes de estacionar, Tito dijo: "Esta es la playa donde grabaron "Amorfoda", así, como si nada. No pensaba parar. Andaba empecinado en mostrarme más piñas coladas verdaderas. ¡PAREMOS!, chillo. Y ahí estaba. Nadando en el mar mientras Tito ponía "Amorfoda" en un parlante chiquito que anda trayendo, haciendo mi experiencia sagrada todavía más sagrada.

> No quiero que nadie más me hable de amor.
> Ya me cansé.
> Esos trucos ya me los sé.
> Esos dolores los pasé.

El "Amorfoda" de Tito —ese antes y después en la historia personal— debe ser alguna canción de Tego Calderón, supongo, así que hacía esto solo por mí. Es rara la generosidad de los cineastas. Y es medio precipitado pensar que es rara la generosidad de los cineastas si me había enterado recién de que Tito había estudiado cine y conozco de cerca solo a una cineasta más. Pero me armé una teoría que decía que este tipo de generosidad es la de encontrar satisfacción en producirte el mejor mundo posible que estás habitando ahora. Si habito el mundo "Amorfoda", será el mejor mundo "Amorfoda": parlante y canción para extremar las sensaciones/foto perfecta para el recuerdo de lo sagrado.

—Ponte ahí, mira hacia adelante—, me dijo Tito.

Apuntó con el celular. El cielo, la arena, el mar y yo tenemos que salir igual de bien, así que se demoró —realmente se demoró— y yo empecé a olvidar a Bad Bunny porque me puse a pensar que tenía que arquear la espalda para que mi culo saliera más o menos bien. No pretendía competir con el cielo. Era solo algo de decencia en un país que ha producido una música que les canta como ninguna otra a los culos. La foto más bonita no coincidió con la del mejor culo. No fue posible estar a la altura del mundo que Tito quería producir para mí.

—Da lo mismo, Tito. —Nadé un poco.

En Playa Vacía Talega atardecía. Solo por eso pude darme cuenta de que la luz ambigua de "Amorfoda" es la del amanecer. Si los protagonistas de "Amorfoda" vienen de un jangueo/carrete/joda/rumba, debe ser de uno muy malo. El auto estacionado en la playa queda vacío casi apenas parte el video. Bad Bunny se baja y una mujer lo sigue para continuar una pelea que él ya no quiere dar.

> Hoy te odio en el secreto,
> ante todo lo confieso.
> Si pudiera te pidiera que devuelva'
> to' los besos que te di.
> La' palabra' y todo el tiempo que perdí.

Dar la pelea sería seguir perdiendo el tiempo y hacer más dura la resaca amorosa de esta canción lanzada el 15 de febrero del 2018, un día después del día del amor.

"Amorfoda" es una canción curiosa de playa porque la gente en la playa no sufre. No en el reggaetón. La gente en la playa fiestea y chinga-culea-coge-tira-folla-garcha. Pero por supuesto que no es la primera canción del Género en la que el corazón está roto.

*

"Ese era un tema que no quería mostrar en el disco por miedo a mostrar sentimientos", dijo Don Omar sobre "Dile". Siguiendo el recorrido de los sentimientos, nombro a La Factoría con "Perdóname" —todavía en los albores de la masividad reggaetonera, año 2008—, donde se muestran los dos lados del dolor.

El hombre pide perdón con precisión y honestidad —"Yo sé que fallé porque te fui infiel antes de ayer"— y la mujer reprocha sentidamente diciendo: "No te importó si yo comía o sufría". Para nuestro alivio, en "Perdóname" triunfa el amor.

También está La Secta, con "La locura automática", en la que al igual que en "Perdóname" se implora reconociendo el error o haciéndose el pobrecito, según el punto de vista: "No castigues a este pobre corazón / aunque sé que me merezco lo peor". Pero si hubiera que escoger al dúo más sufriente de todos, ese es R.K.M & Ken-Y. Pensemos en "Down", que tiene una particularidad que no tiene ni "La locura automática" ni "Perdóname": no implora, tal vez no espera nada más que solo constatar su dolor: "Hoy he despertao, acariciando la noticia de que tú no volverás, desorientao".

Como todo himno, "Down" sabrá reaparecer en canciones del futuro. Su intro, por ejemplo, resuena en la intro de "Candy" y es citada con absoluta claridad en otra de las tristes de Bad Bunny, "Si estuviésemos juntos":

> Y te juro que lo he trata'o.
> Pero es que ninguna si te para al la'o.
> Desde que te fuiste sigo trastorna'o.
> Escuchando Masterpiece, *baby*, me siento down.
> *Down*, si no tengo de tu piel, *down*.

Supongo que bien recordarán —y si no, no importa— que "Si estuviésemos juntos" apareció en el primer disco de Bad Bunny, el inolvidable *X100pre*, que no solo nos habló de las profundidades del sufrimiento amoroso, sino que también lo hizo de una forma que no se había propagado en el Género antes. Para hablar de esa forma, debo dejar de sobrevolar a Bad Bunny y por fin entrar en él.

+++++++++++++++++++++++++++++++++++++++++++++++++++++

*Pa' mí es normal si mi cora se quebró*
POLIMÁ WESTCOAST, "Brokeboi".

Por años entendí mal una parte de "Ella y yo". Esa que dice "Tú y ella en una playa, allí en Bayamón, cuántos hoteles ensució", era para mí "Allí en Bahía Amor". Mis disculpas podrían hundirme más: tengo mal oído, no sabía que existía Bayamón y soy adicta al enamoramiento. Un día, por asuntos laborales, busqué la canción en Google y leí, Pikachu sorprendido: "Ahí en Bayamón", luego leí que era un municipio de Puerto Rico y, años después, yendo desde el aeropuerto de San Juan a mi alojamiento, vi que un letrero de carretera decía "Bayamón" y me sentí en una tierra santa personal. Bayamón, un lugar en el que la esposa de Aventura y amante de don Omar ensuciaba hoteles, un lugar de una ficción que se sentía real; estaba aquí, conmigo. El Uber siguió en dirección al alojamiento: el departamento de un gringo que no hablaba español y de su perrito blanco-pequeño.

Como pasa cuando una llega a un lugar que no conoce y ha esperado, deseando, no tenía sueño. Y menos sueño tuve con lo que vino después. Sentada en un bar con una piña colada de esas que Tito iba a considerar una estafa, me puse a buscar si había un concierto de reggaetón por la noche, y encontré algo precioso. Esa tarde —ESA MISMA TARDE— estaría Bad Bunny —¡BAD BUNNY!— en una jornada de lucha libre en el Coliseo José Miguel Argelot, mucho más conocido como el Choliseo o Choli. Mi entusiasmo se transformó en pesimismo al pensar que no encontraría entradas salvo en reventa. Pero encontré. Y al rato estaba sacándole una foto a un niño a la entrada del Choli, que tenía un cartel con dibujos de la bandera de Puerto Rico y un conejo. Me intrigaba el ánimo del público. Hacía no tanto que Bad Bunny andaba saliendo con Kendall Jenner y lo que veía en redes sociales era decepción —"¿acaso no le gustaba la chocha de Puerto Rico?"—, pero después de que pasaran varias peleas, escuché los gritos de aliento y emoción cuando Bad Bunny entró a escena con una camiseta ajustada que tenía el número 13 en el pecho para enfrentar a Damien Priest, campeón mundial de peso pesado de casi dos metros y 113 kilos.

De chico, a Benito no le interesaba el fútbol ni el básquetbol, sino jugar con figuritas de lucha libre junto a sus dos hermanos menores. La fascinación estaba en los personajes, sus ropas o que cada cual tuviera una canción propia para salir a escena —"como una banda sonora que te identifica"—, tal como lo vimos salir ese día con su tema "Chambea", que dice: "Tú odias mi vida, pero es porque quieres tenerla", mostrando uno de los *modos de ser* Bad Bunny: el mismo de "Tú no vive así", el que frontea, el que te pone en su lugar, el que te dice que nunca estarás a su altura.

Esa tarde del 6 de mayo le ganó a Damien Priest, que en una pelea del mes anterior lo había destruido.

*

Temo que eso de los *modos de ser* se confunda con las ganas muy clásicas de hacer la división entre el personaje público y la persona. No quisiera eso. Con suerte podría tener certezas sobre la personalidad de mis amigas, así que lo que hago aquí es hablar de los distintos personajes de Bad Bunny, de las proyecciones que hacemos sobre él y que —supongo— a veces coinciden con su persona.

Voy, entonces, con lo que ha dicho sobre sí mismo: es el hijo mayor de un padre camionero y una madre profesora de inglés que lo llevaba cada domingo a la iglesia católica, donde —cuenta— era el mejor del coro. De la música le gustaba todo: Victor Manuel, Vico C, la salsa, la bachata, el hiphop, pero Tego Calderón era lo más efectivo para sus padres cuando querían que obedeciera. "No vas a escuchar la canción de Tego", le decían cada vez que no quería ir al colegio y ahí estaba listo en medio segundo. De juegos, cuando no eran las figuritas de lucha libre, era él mismo transformándose en un personaje, siempre en vikingo noruego: "Aún conservo la imagen en mi mente de una piedra a la que me subía; me sentía como si estuviera en mi reinado y me imaginaba que caían muchos rayos", cuenta a la revista GQ. Tal vez a ese vikingo noruego le pareció muy indigno que un día tuviera que disfrazarse de conejito en la escuela. Del momento, hay una foto en la que aparece "con una cara de aborrecido", en sus palabras, que se volvió inmortal, inmortal en serio, cuando llegó el día en que quiso un nombre para sus redes sociales. Bad Bunny, pensó acordándose de su foto de conejito.

Todavía no colgaba música en internet, aunque hacía pistas desde los catorce años; lo que pasaba es que necesitaba sentirse listo de verdad. Mientras, su papá quería que fuera futbolista, su mamá ingeniero, y un profesor que fuera bombero. Entró a estudiar Comunicaciones y, en medio de eso, sí que se sintió listo y la espera le dio la razón: en seis meses ya estaba arriba y ni siquiera había sacado disco. Su tema "Diles" ("dileees, que yo me sé tus poses favoritaaas, que te hablo malo y eso te excitaaa") fue oído por DJ Luian y Mambo Kingz, que decidieron producirlo y convocar al *remix* del tema con Arcángel, Ozuna, Farruko y Ñengo Flow.

No quiero cansar con un ascenso que conocemos, sino en lo que nos encantó. En una entrevista con *Time*, Bad Bunny dice que produce, compone y canta para esto: "Si alguien está en la *fokin* Suiza, pueda sentir que está en el Caribe, pueda sentir que está en la playa". La atmósfera también es necesaria para sí mismo: el productor Tainy —guárdense el nombre en el corazón porque hablaré de él más adelante— cuenta que cada vez que hace un disco decora el estudio con el motivo que lo cruce. Para

*Un verano sin ti*, llenó de plantas el estudio. Y específicamente para "Titi me preguntó", se fue a República Dominicana para que ese paraíso del *dembow* lo contagiara para hacer el tema.

Vuelvo a la tristeza, pero a una nueva tristeza. Así como *Un verano sin ti* se desborda en fiesta playera o muestra una resignación amorosa y tropical —como en "Un coco"—, su primer disco, *X100pre*, está marcado por un dolor más oscuro, la insatisfacción vital. Y esto es nuevo en el Género.

Aquí tengo otro antes y después, tal como con "Amorfoda".

Estaba en la casa de un ex Tinder junto a sus amigos, tomábamos vino, habíamos visto el Festival de Viña, se transformó en una fiesta pequeña en la que corrían los videos de YouTube en una pantalla a la que no le poníamos mucha atención hasta que apareció una mujer nada clásica para un video de reggaetón o trap. No era megavoluptuosa, no estaba maquillada, tenía una melena corta, una cara ligeramente masculina y modulaba la canción solo con un telón de fondo azul brillante, mientras sonaba la voz de Bad Bunny:

> No me vuelvas a decir bebé.
> Yo no soy tuyo ni de nadie.
> Yo soy solo de mí.

"Yo soy solo de mí" me pareció una frase hermosa. También me pareció hermoso que mientras la voz de Bad Bunny cantaba "tuyo", los subtítulos dijeran "tuya". Y el video no solo era inusual por la mujer que aparecía, sino porque esa mujer movía su cara, golpeada por una mano invisible, que la dejaba rasmillada, moreteada, ensangrentada. Era 2018, pleno auge del feminismo, Bad Bunny luego iba a sacar "Yo perreo sola", una canción que me encanta pero que tenía un letrero de "Ni una menos" irritantemente oportuno. "Solo de mí" no. "Solo de mí" era otra cosa, un tema sutil que además podía leerse de otra forma:

> No me rompiste el corazón,
> yo ya lo tenía roto.

Cantaba Bad Bunny, en dos versos que vi como una tristeza que no tenía que ver solo con la circunstancia, sino con algo estructural, una tristeza que venía de antes ¿de dónde? En varias canciones Bad Bunny insiste en la nostalgia. Incluso en sus temas más antiguos, como "La vida", donde su voz no se parece nada al tono grave por el que se hizo famoso, ya se ve esa nostalgia de algo que no puede volver.

*

El reggaetón ha muerto. Eso dijo el productor y músico panameño El Chombo —el mismísimo del "Gato volador"—, pero entonces yo fui menos dramática porque pensé: "El reggaetón se va acabando / empezó el trap". O lo pensé más relamido: el reggaetón se está difuminando. Y después me fui en la sociológica-emo: se acabó cierta forma de vida y si bien — tal como quien no sabe calcular si hay diez mil o veinte mil o cincuenta mil personas en un estadio— no sé ver los movimientos, apenitas las coyunturas, quise teorizar con una sucesión de pensamientos y de lugares comunes en los que creí con la firmeza que da la necesidad.

El primer pensamiento fue que el trap —solo en parte— era un género de la tristeza. El segundo, que Chile sabía plegarse al trap mucho mejor que al reggaetón porque somos un país triste. Una gran prueba era que Croni-K —nuestra banda reggaetonera más reconocida aunque solo para nosotros mismos— tenía su gran éxito gracias a la feliz coincidencia con un hecho no feliz. "Arriba la vida" fue lanzada el 2010, mismo año de nuestro terremoto, así que se convirtió en la canción emblema de la tragedia. "Que no se deprima, / tira para arriba", cantábamos y no hay nada más deprimente que cantar "Que no se deprima". Otras canciones más ligeras, como "Soltero Mental" de Zk & Crac MC —no hace falta contar de qué va—, son menos recordadas que lo de no deprimirse. La industria chilena del reggaetón no alcanzaba ni a ser industria. Por supuesto mi argumento envejeció pésimo y la frase de El Chombo también. Pero de todos modos hubo un trap que, como el de Bad Bunny, mostraba una tristeza que venía antes de la tristeza: Polimá Westcoast, trapero/reggaetonero chileno-angolés, cantaba una canción de desamor pero también existencial: "Pa' mí es normal si mi cora se quebró", dice, haciendo eco con "No me rompiste el corazón, yo ya lo tenía roto". La tristeza existencial podía ser más extrema. Por ese tiempo, otro chileno casi estrictamente trapero —Gianluca— componía solo en su pieza "Siempre triste":

> Siempre tropical, siempre triste.
> Melón con vino blanco.
> No soy pobre, soy triste.

Gianluca me contó que esa tristeza venía de la suya pero también de otras: desde chico vio a su mamá en una depresión eterna, que quizás estaba desde cuándo y solo sabía permanecer. Esa tristeza o nueva sensibilidad iba a encontrar una línea años después en otras y otros de Chile: Kidd Voodoo, Young Cister, algo de Akrilla, otras de Polimá: recordemos su icónico "Ultrasolo". Bad Bunny, por su lado, influyó a la nueva tristeza en Puerto Rico. Para hundirse es cosa de escuchar el último disco de Alvarito Díaz, *Sayonara*.

Vuelvo plenamente a Bad Bunny. La parte dolorosa de "Solo de mí" es seguida de una fiesta de liberación. Dejo hasta aquí la tristeza, porque algo cambió a lo largo. Y como fue a lo largo, voy con una cronología de lo que fue pasando:

**2 de enero**. Lo conté al principio, pero recuerdo: Bad Bunny caminaba en Santo Domingo, República Dominicana, y una fan lo atosigó para sacarse una foto con él. Bad Bunny, más enojado que cuando se disfrazó de conejo, arrojó el celular. Luego llovieron los comentarios malos en las redes sociales de BB.

**5 de febrero.** En el escenario de los Grammy, Bad Bunny canta:

> Ahora todos quieren ser latinos
> pero les falta sazón, batería y reggaetón.

**16 de febrero.** En el sitio de chismes de famosos *DeuxMoix* se cuenta que Bad Bunny fue visto con Kendall Jenner en Los Ángeles.

**8 de marzo.** *TMZ*, otro de chismes, publica fotos de Bad Bunny y Kendall abrazándose. No tengo pruebas de lo que voy a decir, así que va una afirmación irresponsable: lo de Kendall cala más en los fans que lo del celular. Para justificar mi afirmación irresponsable, daré argumentos medianamente responsables.

Existen dos grupos: el que encuentra que arrojar el celular está imperdonable y el que encuentra que es comprensible. Los del segundo grupo pensamos que, después de todo, la fan es abrumadora/debe ser la vez número ocho mil que se ha enfrentado a fans así/cualquiera tiene un mal día, una mala semana, un mal mes o un mal año; así que es fácil inscribir el episodio del celular en el ámbito de lo racional: pasó x porque pasó z.

Lo de Kendall es otra cosa.

Se enamoró, nada que decir.

Nada de pasó x porque pasó z.

Pasó nomás, el amor pasa.

Y como no hay nada explicable, balbuceamos la suspicacia que dije antes: "¿No era que le gustaba la chocha de Puerto Rico?" que se transforma en la sensación de haber sido traicionados: "¿NO ERA QUE LE GUSTABA LA CHOCHA DE PUERTO RICO?".

Pero se enamoró, nada que reprochar. Y de la Kardashian con menos sazón, así es la vida. Y así es la vida, sí, pero un fan siente lo que siente y acá, en el corazón, se siente un desgarro: si Bad Bunny llevó la construcción del mundo latino a una cúspide y ahora está con una gringa, qué nos queda.

El desgarro tiene un lado más primitivo que el del sueño bolivariano: aunque una sabe que nunca va a pololear con Bad

Bunny, no deja de pensar "ahora sí que nunca voy a pololear con Bad Bunny" cuando empieza con Kendall. No es un sentimiento novedoso. También les ha pasado a señoras de todas las épocas, no olvidemos que cuando Ricky Martin salió del clóset había mujeres tristes porque nunca iban a poder estar con alguien con el que igual nunca iban a poder estar. Pero el asunto Bad Bunny tiene la complejidad de que la mujer que vino antes de Kendall era una puertorriqueña que no era modelo, ni famosa sino una chiquilla normal a la que veíamos —vía Instagram— en la cotidianidad del aburrimiento pandémico o en sus fotos playeras. Cuando Bad Bunny empezó con Kendall, empezaron los *paparazzeos* en lugares como partidos de básquetbol, Fórmula 1 y restoranes caros; y a ese chico que cantaba "No me busques en Instagram, / mami,búscame en casa", ya no se lo podía encontrar.

**28 de marzo.** Revista *Time*:

¿Sientes que es injusto que te lleguen estas cuestiones políticas que tienes que hablar en nombre de toda la isla?

—Sí, creo que es injusto. Y es por eso que algunos artistas no lo hacen. Si no hablas de eso en tus canciones, no recibirás este tipo de preguntas. No le van a preguntar a Daddy Yankee, no le van a preguntar algo así. No sé por qué dije Daddy Yankee, lo siento Daddy Yankee.

**18 de mayo.** Saca la canción "Where She Goes".

Un nombre en inglés, saltamos.

Bad Bunny se entera de nuestro salto.

Cuando le preguntan por la canción, cuenta que no le gusta que sus temas tengan nombres genéricos. Al voleo, hago desfilar "Mojabi Ghost", "A tu merced", "Si veo a tu mamá", "Yonaguni", "Safaera" y es cierto: solo títulos recordables. "Where she goes", cuenta, se inspira en que mucha gente está hablando estupideces y él, con ese título en inglés, quiere darles —darnos— más motivos.

**14 de septiembre.** Se ve que Bad Bunny está trapicando saliva. Crea un canal de WhatsApp para que lo sigamos. Lo leemos siempre indignado por el rumor de que sacará un nuevo disco este año, cuando eso —dice— no será así.

**13 de octubre.** Sale el nuevo disco, *Nadie sabe lo que va a pasar mañana*, y recuerdo la vez que Chente Ydrach, un entrevistador-standupero-podcastero puertorriqueño le dice a Bad Bunny algo bello y exacto: su obra —discos, videos, conciertos, todo— está regida por la sorpresa. Sorpresa en los giros de "Safaera". Sorpresa en la explosión de energía que es el final de "Solo de mí". Sorpresa al avisar los discos con nada de anticipación. Sorpresa y regalo.

¿Funciona esta vez?

"ESTE ÁLBUM ES PA LOS QUE ME SIGUEN DESDE EL DÍA O!!! NO PA LOS YONAGUNITOS jaja Mentira, es pa todo el mundo. LOS AMOOOOO!", dice en su canal de WhatsApp, en modo juguetón pero en el disco se torna denso.

Ya no trapica saliva, ahora escupe alquitrán.

Canta que las verdaderas bichotas están en Puerto Rico, tirándole a Karol G, que qué le hizo.

Desconcierta tirándole a J Balvin, que fue de los primeros en colaborar con él.

Canta: "Tú no eres mi fan real, por eso te tiré el celular" y hay algo incómodo en el uso de la tiradera cuando no se enmarca en la competencia de dos partes iguales: alguien que tira, alguien que puede tirar de vuelta.

**14 de octubre.** Después de tres escuchas, creo que el disco podría resumirse en:

- Bad Bunny dice que él es el mejor.
- Y que es billonario.
- Y que no le importa si decimos leseras porque es el mejor y es billonario.
- Y que no sabemos nada de su soledad de famoso billonario (y es cierto).

- Y que somos tontos si es que nos enganchamos de él por *Un verano sin ti*.

**21 de octubre.** Es posible caer subiendo. Mientras leo comentarios en redes sociales de fans medio agotados del disco —acaso fans-no-reales—, *Nadie sabe lo que va a pasar mañana* bate el récord de ser el álbum del 2023 más reproducido en un solo día en Spotify, sus canciones ocupan todos los puestos del ranking de Billboard y en este momento está siendo el protagonista de *Saturday Night Live*, acompañado por Mick Jagger, Lady Gaga y Pedro Pascal. Ahí, hace las *performances* del desdoble: es el sensible Benito que solemos amar —el de *X100pre* y *Un verano sin ti*— y el nuevo Bad Bunny que ama odiarnos.

**7 de noviembre.** Sale la canción "Nostalgia", en la que FlowGPT se apodera de Bad Bunny.

Curiosidad chilena: detrás de FlowGPT hay un chileno que ya llevaba algún tiempo intentando acertar con un tema. Y bien: "Nostalgia" entra a los más escuchados de Spotify de Chile y de España, la cantante Bad Gyal —mencionada en el tema— se sube a TikTok bailándolo; también en TikTok anda un video de una disco en México que pone la canción y Bad Bunny, el verdadero, se enfurece y escribe en su canal de WhatsApp que si nos gusta esa *mierda* de canción, mejor nos salgamos del grupo.

La furia puede provenir del terror comprensible a algo recién conocido que podría reemplazarte y aunque desde hace un tiempito tengo la precaución de no decir cosas que envejezcan demasiado mal, creo que ciertas sutilezas de lenguaje no son tan fáciles de lograr y que tener la ilusión de que hay un relato autobiográfico detrás de una canción puede ganarle a lo artificial. Quizás esa creencia sea inocente, no sé, pero por ahora la industria de la música y los mismos cantantes resguardan lo suyo. Bad Gyal bajó el baile de TikTok cuando supo que era IA, los Grammy hicieron énfasis en que no premiarían ninguna canción o disco hecho por algo no humano y Spotify sacó "Nostalgia" de su plataforma. Hay vueltas curiosas, sí. El viral "Mi primera chamba", también hecho por IA con la voz de Eladio Carrión, fue cantado por él mismo en un concierto. Un chiste que tal vez debió seguir Bad Bunny considerando que en una de esas gastó sus cartuchos de furia 2023. Además pasa que de un refunfuñón da placer reírse porque más va a refunfuñar. Ahora mismo circulan algunas canciones con su voz: "En el McDonald's no hay donas" dice una de ellas y hay una versión de "Hola, don Pepito, hola don José" en un junte imposible entre J Balvin y Bad Bunny, pero posible en el mundo de la Inteligencia Artificial.

**11 de noviembre.** Cierro con al origen: el video del momento-celular, que tiene algo que me encanta. Es la voz de alguien que mira —quién sabe si un amigo de la mala fan—, diciendo: "Loco, Benito, te amamos como sea".

Tal vez sí.

Y si no, recuerdo que en una entrevista a la *Rolling Stone*, Benito dijo que nunca tiró el celular al mar, que solo fue a un arbusto; será cosa de ir y encontrarlo, como a ese chico que debemos encontrar en casa.

**Abril, 2024.** Video de revista *Vogue*: "73 Questions With Bad Bunny". El periodista le pregunta por qué quiso lanzar *Nadie sabe lo que va a pasar mañana* antes de cumplir treinta. La respuesta es: "No sé. Porque creo que hay muchas cosas que digo en el álbum que no las quiero decir después de los treinta. Y ahora, después de los treinta, como me quiero enfocar en otras cosas, otra etapa musical, mental, espiritual, amorosa. Muchas cosas diferentes con las que no me identifico de este disco".

¿Con qué se identifica? Tal vez con algo que dijo en una entrevista el año 2016, cuando contó por qué se había puesto Bad Bunny: a ese conejo aborrecido "por más malo que sea, tú lo vas a querer abrazar".

# IX

# DETRÁS DE LA MESA DEL DJ

TAINY

++++++++++++++++++++++++++++++++++++++++++++++++++++++

*Capitaneando la nave, Tainy,*
*el que a los dieciséis años anda en Mercedes,*
*más na' te digo*
TONY DIZE, "Permítame"

Marcos Efraín empezó a ir a la iglesia con su mamá sin saber que iba a tener un encuentro con algún dios. No fue en el culto, no fue en la Biblia ni fue en las oraciones, sino en un amigo productor, Fruity Loops mediante.

A la salida de la iglesia se juntaba con Nely —o Nely, el Arma Secreta— para mostrarle las pistas de música en las que estaba trabajando. "Esto le falta, esto le sobra", le decía Nely hasta que la pista indicada llegó, y Nely la llevó a los productores más importantes de principios de los dos mil, Luny Tunes, un dúo que cargaba con una anomalía para el mundo de la música hecha por computadores: la de incorporar instrumentos tocados durante las mismas grabaciones.

Luny escuchó a Marcos Efraín y lo mandó a llamar. Él llegó con su mamá: olvidé mencionar que tenía catorce años.

Mientras ella se mantenía a la espera en el auto, Marcos Efraín esperaba a Nely para entrar a ver a Luny. Pero Nely no llegó y tuvo que ingresar solo. "¿Tú no eres el *chamaquito* que hace pistas?", cuenta Marcos que le preguntó Luny para luego decirle: "Siéntate y haz algo".

"Eso fue lo más aterrorizante que yo pude ver".

Quien conozca la carrera de Marcos Efraín, puede intuir que luego del momento aterrorizante hay un final de éxito que será un origen en el que Luny le dirá que se quede, que empiecen a trabajar ya, pero Marcos le explicó que había dejado a su mamá esperándolo en el auto demasiado tiempo.

Luego de cumplir su rol de hijo, firmaría un contrato, para dejar de ser Marcos y pasar a ser Tainy.

Dos años después, Tony Dize dice en la tremenda "Permítame": "Capitaneando la nave, Tainy, el que a los dieciséis años anda en Mercedes, más na' te digo". La frase agarró a Tainy por sorpresa. "Guau, pa' qué él dijo eso", pensó. Pero se transformó en su marca, igualito a cuando escuchamos una canción; por ejemplo, "Candy", que dice: "LUNYTUUUNES".

Tenía marca y también un sello: Tainy entendió que sus maestros sabían de reggaetón más que nadie, así que él tenía que jugar con herramientas que no estuvieran desplegadas antes y que pertenecieran a lo que él conocía, él amaba; así que le metió a las bases toda la influencia del rap que solía escuchar.

A pesar del éxito, el Mercedes y todo, a veces Tainy volvía a vivir momentos de terror. Un día iba por la calle y vio que vendían poleras negras con la cara de Daddy, de Tego y de Don Omar. Compró las tres, se puso la de Daddy y se fue a la productora a trabajar en un tema de Héctor el Father. Alguien golpeó duro la puerta a una hora a la que nadie suele llegar a un estudio, cuenta Tainy. Eran las tres de la tarde. Detrás de la puerta estaba Don Omar y era la primera vez que lo veía. Don ni lo miró. Se quedó pegado en la polera "por treinta segundos", dice. Luego, ya adentro, le dijo que quería usar el *beat* en el que trabajaba para Héctor. Entonces, se abrieron dos posibilidades del mundo, es decir, dos mundos posibles:

a) Uno, en el que se rendía ante Don Omar y chocaba con el futuro en el que tendría que contarle a Héctor el Father que la pista no sería solo suya.
b) Dos, aquel donde el *beat* seguiría siendo de Héctor teniendo el atrevimiento de decirle que no a Don.

Un ratito después, Don ya estaba improvisando sobre esa pista una tiradera a Daddy Yankee:

> Yo soy Don, criao' en tu mismo callejón
> con carros de medio millón
> y prendas que han cegao' televisión.
> Entonces, háblame claro, so lambón.
> ¿Tú crees que puedes competir conmigo, canción por
> canción?
> Ni una, de las tuyas ninguna,
> Si tú ere' el Cangri en la tierra,
> yo soy el rey de la luna.

El problema que vino después no fue el de Héctor. O no principalmente. El problema es que nunca tendría opción con Daddy Yankee y más encima algún día le tocaría conocerlo. Tainy quería postergar el momento hasta la eternidad, pero si iba a pasar sí o sí, mejor que fuera luego: Daddy solo lo miró, no le dijo nada y le dio la mano. Luego de esa cortesía, vino el disco *Más flow: los Benjamins*, donde Tainy produjo "Noche de entierro" de Wisin y Yandel, y del mismísimo DY.

Y entonces: 2018. Tainy estaba en Los Ángeles en un campamento de producción para un disco de Anitta. No sé si todo el mundo sabe lo que es un campamento de producción, yo al menos no sabía, así que contaré que varios productores se encierran durante algunos días en un Airbnb gigante, ojalá con piscina, para trabajar en un EP, una canción específica para alguien o canciones para varios cantantes.

*

Era de noche en lo de Anitta, cuando Craig Kallman —el presidente de la discográfica de Cardi B— lo mandó a llamar para contarle que necesitaba que luego de terminar el trabajo con Anitta se pasara al estudio para grabar un tema. Le mostró el sampleo: "I Like It Like That", de Pete Rodríguez. Tainy trabajó hasta las una de la mañana con Anitta y le dijo a Pete y su coordinador que estaba muerto, que se iba a dormir, esperando que la respuesta fuera "todo ok, nos vemos mañana".

"Duro, ya estamos acá", le dijeron.

El tema "I Like It" de Cardi B, J Balvin y Bad Bunny tiene 1612 millones de visitas, pero este triunfo no es estrictamente numérico. Ahí, por primera vez Bad Bunny cantó "This is the new religion, latino gang" y mientras estaba esa declaración latina de principios hacia una conquista cultural, Tainy se abrió al mundo anglo.

Luego de Cardi B se le abrió el mundo a gente como Selena Gómez y Dua Lipa, dentro de una lista tan larga que si la digo no me alcanza la respiración.

"Yo podría haberme quedado durmiendo y nunca soy parte de la canción", dijo, y eso sí que es aterrador.

*

Pero avancemos un par de años más, hasta el 2021, cuando produce "Adicto" de Ozuna y Anuel AA, porque entonces se le ocurre hacer un disco propio, cada tema producido por él y seleccionando a las y los artistas que quería que estuvieran ahí, como si fuera un entrenador de fútbol armando su equipo casi perfecto.

El disco se llamó *Data* y demostró varias cosas. Una es algo que ya dijo Foster Wallace sobre el rap: dentro de un tema es tan artista el productor como quien rapea o canta. Tan artista es, que ha sido el primer productor puertorriqueño en tener su propio Choli. Tan artista como Bizarrap, que también muestra su repertorio en vivo y siempre nos crea la expectativa/curiosidad de cuál será su próxima sesión. Tan artista como Eliel, "el que habla con las manos", su apodo explica todo. Tan artista como Ovy on the Drums, que supo encontrarse con Karol G y ser parte de temas maravillosos de Karol, como "Tusa" y "Cairo". Tan artista como Sky Rompiendo, a quien se le ocurrió que Rosalía tenía que cantar en "Brillo" junto a J Balvin. O, ya que estoy en

Rosalía, como El Guincho, que estuvo todo el tiempo con ella haciendo *El mal querer*. Y aquí podría ir una nota al pie que da para un libro entero: Rosalía también es productora, brillando en un espacio que se les abre a muy pocas mujeres. Me demoro segundos en pensar en una lista larga de productores y mucho tiempo en encontrar a productoras.

Pero volvamos a Tainy, que además nos muestra que la idea de que todos los reggaetones son iguales es errónea, porque su equipo casi perfecto va desde Skrillex a Daddy Yankee, pasando por reuniones improbables como Arca y Arcángel en una misma canción y mezclando el reggaetón más duro del pasado, como Wisin y Yandel, con sonidos de un presente o futuro, como Young Miko.

Lo último —al menos en esta página— es que los caminos de Dios son misteriosos. Así como está todo el despliegue de la cultura musical de Tainy, está el de la cultura pop, y esto es lo que más me entusiasma. Tanto que solo lo enunciaré para tratarlo en un ratito más.

Japón.

Por ahora dejo este tema suspendido y me muevo hacia otro lugar.

Es una lluvia de alcohol que te empapa.
una nube de humo que te arrebata.
sintió un hechizo de sus ojos de gata
que te seducen y en sus garras te atrapan.

Estoy brillando con highlighter, no lo ves.
un clavel en mi melena, no lo ves.
he subido quince stories, no lo ves.

Es una lluvia de alcohol que te empapa.
una nube de humo que te arrebata.
sintió un hechizo de sus ojos de gata
que te seducen y en sus garras te atrapan.
Esa es una sata que ha vacilado contigo

Cuando crezcan donde yo crecí se crien donde me criaron
El cuerpo rozar', diablo me duele tanta baba.
Yo te digo: "sí, tú me puedes provocar".
Eso no quiere decir que pa' la cama voy.
Tengo reservado el hotel,
pero con estas ganas no vamo' a llegar.
Somos dos desesperados
por eso nos fuimos que parquear.
nos espera el asiento.

Estoy brillando con highlighter, no lo ves.
un clavel en mi melena, no lo ves.
he subido quince stories, no lo ves.
y a un cojo que estaba bailando
y un ciego me estaba mirando
y un calvo se estaba peinando
hacia abajo, a mí me gusta cuando baja down
hacia abajo, que mi sata se quede ahí enroncao.
hacia abajo. Me dice baby, suena interesante
si quieres ven y quédate otro round.

Te juro que lo he tratao
pero es que ninguna si te para al la'o.
desde que te fuiste sin trastorna'o.
Escuchando Master piece, baby, me siento down,
down, si no tengo de tu piel, down.

aburrí'o de ver tantos muertos y vivos

Hablando claro/tengo un problema.
Es que rápido me enchulo de las nenas.
Si me hablan lindo, me caso sin dilema
y me las como, desayuno, almuerzo y cena.

Tú tienes una linda, yo feas tengo tres: eso en cuatro no se ve.
En cuatro, baby, te agarro por el cuello y te pones sata.
Vamos a hacerlo: una, dos y a las tres ponte en cuatro.
y parte en cuatro el 4 de julio

No me vuelvas a decir nene.
Yo no soy tuyo ni de nadie.
Yo soy solo de mí.

Aquí llegó.
Aquí llegó.
Aquí llegó el maestro.
Llegó Tego Calderón.
con nosotros los

Con carros de medio millón
y prendas que
Entonces, háblame
¿Tú crees que puedes competir conmigo, canción por canción?
Ni una, de las tuyas
si tú ere' el cangri
yo soy el rey de

Mi madre me llama y me dice que estoy loca,
una zorra y eso es lo que le toca".
por nuestro córner
sabes que te vas sin Jordan.
To'as chingá'o a cada una de nosotras

Adidas no me usa, yo estoy usando adidas.
Mi estrategia es diferente, por la salida entro.
Me infiltro en el sistema y exploto desde adentro.
Número dos, se apagó el fuego de la pasión.
Y te quejabas como te hacía el amor.
Número tres, con todo y eso que fuiste su mujer.
Está hablando de espalda con todo el mundo que ve.

# X

# NO ME QUERÍAN (AHORA AGUANTEN MI PRESENCIA)

YOUNG MIKO

++++++++++++++++++++++++++++++++++++++++++++++++

*Y yo les doy a las dos y nunca hay drama*
*yo les doy a las dos y no uso trama*
*yo les doy y nunca hay sonograma*
YOUNG MIKO, "Lisa"

"Satán está en mí" podría ser una frase típica de algún rockero de otra época, pero esta vez estaba en la mente de María Victoria, una niña de segundo básico de un colegio adventista en una ciudad chiquita de Puerto Rico. "Satán está en mí": lo que pasa es que le gustaba una niña de su colegio.

Primero Satán, después la vergüenza. Cuando fue creciendo era difícil hacer amigas porque pensaba que pensarían que ella pensaba en tener algo con ellas, así que se dedicaba a ser tímida, escuchar Shakira, Miguel Bosé, rap, hacer deporte —karate, fútbol, tenis o pimpón—, pero no podía jugar básquetbol porque no había liga de mujeres.

Su papá lo zanjó: "No pues, que se jodan: tú vas a jugar con los varones, a mí que me mamen el bicho".

Sin dejar de ser tímida, empezó a jugar con ellos, pero ahora su mamá iba a hablar: "Tienes que salir de ese caparazón. Si no, nunca vas a vivir".

Y vivió. Tanto que se atrevió a decirle a sus papás que le gustaban las mujeres. Probablemente ellos pensaron: le dimos la mano y se tomó del codo. La apoyaban, pero nunca tanto. Eran religiosos estrictos y la mandaron a la sicóloga; además, tuvo que ir a la iglesia cada domingo. Como va a pasarle siempre, María Victoria tiene la suerte de que lo peor se dé vuelta y aparezca lo mejor y son sus papás los que terminan en la sicóloga, transformándose también ellos.

Un día estaba en entrenamiento de fútbol —jugaba en la selección nacional de Puerto Rico— y su mamá la llamó por celular. "Raro", pensó María Victoria, porque su mamá sabía perfecto que entrenaba a esa hora; debía ser importante, así que contestó. Del otro lado, la mamá le dijo que ahora era su hermano pequeño quien había salido del clóset. María Victoria se quedó callada y sudó, esperando que su mamá siguiera. Me imagino que le deben haber revisado en pánico los recuerdos, el hecho de que su mamá pensara que la homosexualidad podía ser contagiosa. "¿Qué le dijiste?", preguntó. "Nada. Que lo amaba". María Victoria se puso a llorar al lado de la cancha.

Satán había salido, pero apareció un nuevo demonio. Entró a estudiar dibujo y se entretenía, pero también quería rapear y cantar y le daba miedo hacerlo. Por esos días, perdón lo abrupta, se volcó en auto y casi muere. "Suena *cheesy*, pero es la verdad. Como que uno reflexiona bien cabrón y dice «Por poco me mato y apenas tengo dieciocho años, así que tengo que hacer lo que yo quiera hacer en la vida. No puedo aguantarme»".

Comenzó a tatuar para pagar un estudio y grabar un rato. Añasco, su ciudad, tiene menos de treinta mil personas, entonces no le quedaba otra que manejar tres horas a San Juan cuatro veces a la semana.

La historia de esfuerzo es larga —pandemia incluida—, pero lo que aquí quisiéramos entender es cómo María Victoria pasó a ser Young Miko y cómo Young Miko pasó a ser la reina de nuestros corazones, de mi corazón.

Una teoría: en realidad es indescifrable en su contradicción. En una de las millones de entrevistas (cinco, en realidad) que reviso, dice que siempre tuvo la intuición de que iba a lograr lo que quisiera. En otra entrevista dice que siempre se espera lo peor.

Su primera canción fue "Quiero", y tiene la mística de lo inexistente en Spotify. La escribió sin pistas y al grabarla se trababa una y otra vez, y le temblaban las manos y la voz. ¿Qué quería? Un Maserati, uñas de Cali, marihuana, Versace. Lujo y asuntos simples. María Victoria jugaba al género clásico de lo vistoso, pero con una innovación: no se jactaba sino que deseaba. Y en medio del lujo rapeado, aparecía un coro melódico y vulnerable: "Talk to me, baby".

Subió la canción a SoundCloud, tal como partieron muchos de los que ya triunfan —Rauw Alejandro, Eladio Carrión o Bad Bunny—, y le agendaron un show pequeño y prepandémico. Cuando escuchó su nombre para salir al escenario, estaba vomitando por los nervios en el baño. Salió, se subió y cantó "Quiero", sin poder creer que había gente que se la sabía. A pesar de la impresión, o por la misma impresión, volvió a vomitar antes de subirse de vuelta al auto que la llevó de regreso a Añasco que también es la ciudad —olvidé decirlo— de Ivy Queen.

*

"Cabrón, me gustan las mujeres. ¿Para qué puñeta le voy a escribir a un hombre, si eso no es lo que me gusta? Yo me acuerdo de que cogí clases de poesía en noveno grado y si me decían «tienes que describir una guitarra», era mujer la guitarra; «tienes que describir esto», era mujer también".

Luego de la pandemia, la escritura silenciosa apareció en canciones como "Vendetta"—con Villano Antillano—, sigue en "Puerto Rican Mami" y explotó en "Lisa", en la que comienza diciendo:

> Hablando claro/tengo un problema.
> Es que rápido me enchulo de las nenas.
> Si me hablan lindo, me caso sin dilema
> y me las como, desayuno almuerzo y cena.

La historia de contratiempos casi siempre llama más que la de éxito, pero es necesario consignar el arco dramático que llevó a María Victoria a ser Young Miko: sacó el disco *Trap Kitty*, Bad Bunny la llamó a telonear, *featureó* con Feid, con el mismo Bad Bunny, con Karol G, Bad Gyal, J Balvin; pasó el billón de escuchas en Spotify, empezó una gira mundial que a Dios gracias la tuvo en Chile y colonizó un espacio casi inexistente siendo la primera lesbiana masiva en el género urbano, un nombre adecuado, pero matapasiones: dejémoslo en reggaetón más trap más rap. También logró algo impensable hace algunos años. Reggaetoneros clásicos de la época en la que Ivy Queen era la única mujer escuchada en serio —Arcángel, Yandel, Jowell y Randy— también se sumaron a las colaboraciones. Todo lo que tocaba Young Miko se transformaba. Cualquier *featuring* (cualquiera) era devorado por su voz que es sexy de una forma inusual, acá una prueba:

Young Miko también se ha transformado en un concepto, *mikosexual*, es cosa de guglearlo o intuirlo. Tal orientación es hacia Young Miko y se sustenta en videos viralizados de sus conciertos en los que fija la mirada sobre alguien, como si esa alguien fuera especial en serio y se fuera a enamorar *for real*, porque no es una mirada clásica de seducción, sino que tiene algo tierno que contrasta o completa sus letras bien explícitas.

Es el deseo en su totalidad, sexual y entrañable, y todavía hay más. Young Miko es de las primeras en desatar la fantasía de una mujer con otra en el reggaetón/trap.

Al menos de forma tan masiva.

Algo ya había hecho Karol G en "El makinón", pero aquí es más explícito y puedo ratificarlo con el argumento impreciso de que a muchas amigas les pasa y con la retórica precisa de que aparece como protagonista de varios *fanfics* en los que está emparejada, por ejemplo, con Nicki Nicole. Una aclaración: me sentiría inteligente si esto de los *fanfics* se me hubiera ocurrido a mí, pero Mariana Enríquez habla de las historias sexuales que escribían los fans sobre los integrantes de Suede en su libro *Porque demasiado no es suficiente: mi historia de amor con Suede*.

Por supuesto, nada puede ser absolutamente perfecto cuando existe gente como el rapero Almighty, que usa cualquier plataforma para inocular su homofobia y obsesión por Young Miko, al punto de decir que quiere "preñarla".

"Yo brego con muchos Almighty todos los días de mi vida", responde ella cuando le preguntan e incluso se ríe con cara de que eso no fuera tan importante. Ella está por sobre, pasemos a otro tema, después de todo qué puede hacer la violencia de Almighty cuando Miko, en japonés, significa "hija de Dios".

*

A veces Dios no está del lado de acá. Kevin Fret, el primer trapero abiertamente gay, fue asesinado a balazos el 10 de enero del año 2019. Alcanzó solo a hacer la canción "Soy así" y a colaborar en "Diferente". En "Soy así", que tiene la frase del título de este capítulo, aparece en un trono con un arma rosada, exudando neón, cantando "Yo soy la puta bichota de esta cabrona selva", tres años antes que Karol G.

Lo que rodea al asesinato de Kevin Fret es una cantidad de teorías difusas, donde solo se sabe lo que no se sabe: el autor es desconocido, los motivos también. Fue en la oscuridad de la madrugada, el juicio sigue abierto y la única certeza son los ocho balazos mientras iba por Santurce en su moto. Poco después del asesinato, apareció un video porno de Ozuna jovencísimo —dieciséis años— hecho para una plataforma gay. El abogado de Ozuna alegó que Kevin Fret lo había extorsionado pidiéndole más de cincuenta mil euros para no filtrar el video. Pero cuatro años después, en el diario *Mediodía*, apareció la fiscal del caso-extorsión diciendo que Ozuna le pasaba plata voluntariamente. La mamá de Kevin Fret alegó que Ozuna y su mánager —Vicente Saavedra— estaban detrás del asesinato.

Cuando le preguntaron a Ozuna qué pensaba, dijo dos cosas: que por supuesto que no era culpable y que entendía a la madre: "A mí me mataron a mi papá, mi abuela sufrió veinticinco años de luto. Eso hay que respetarlo".

Eso lo dijo en México, cuando hacía gira por su disco *Cosmo*, donde participa Chencho Corleone, Jhayco y Sky Rompiendo, entre varios. Y estas colaboraciones, que son tan usuales, me hacen usar una palabra manoseada pero exacta: cortocircuito. Todo esto me provoca un cortocircuito, me desencaja. La vida sigue normal, así que nadie es culpable. La vida puede seguir normal y alguien ser culpable. La vida sigue, el conflicto también: la fiscalía citó a declarar a Vicente Saavedra —vuelvo a apelar a la fragilidad de la memoria, así que menciono otra vez que es el mánager de Ozuna— y Andrea de Castro, que al parecer era un puente entre Kevin y Ozuna.

"¿Tienen un sospechoso a este momento?", le pregunta una periodista de *Tele Noticias* al fiscal del caso, Edmanuel Santiago Quiles.

"Tenemos una teoría que no podemos difundir públicamente", responde.

Salgo de Kevin Fret. No porque quiera hacer del caso algo trivial, sino porque lo que dije es lo que se sabe.

# XI

# MI GENTE TAMO' EN JAPÓN

++++++++++++++++++++++++++++++++++++++++++++++++

*En el instante en que te volví a encontrar*
*Mi mente trajo a mí aquel hermoso lugar*
*Que cuando era niño fue tan valioso para mí*
DRAGON BALL, "Mi corazón encantado"

Permítanme un poco de patria y nostalgia. A principios de los dos mil, Chile dio la mejor tribu urbana que ha existido. Era la de los *pokemones*, cuya ética podría resumirse en el amor por las fiestas de día, el cuidado por un pelo siempre de colores, la exhibición vía redes sociales, los besitos por doquier, el reggaetón como banda sonora y haber crecido viendo la androginia preciosa en *Los caballeros del zodíaco*, la bisexualidad en *Sailor Moon* o la fluidez de *Ranma ½*.

El sexo del reggaetón y el sexo del animé estaban ahí, en ellos.

Lo que todavía no estaba es algo que ahora vemos seguido: Japón en el reggaetón.

Era el año 2007 y salía una canción de Calle 13 llamada "Japón", pero no solo era algo aislado sino que además no se parece en nada a las formas en las que Japón aparece hoy en el Género. En ese tema oímos un diálogo entre un puertorriqueño y un japonés, los dos representados por Residente, que hace hablar al japonés como la caricatura del asiático hablando español, que cambia la r por la l (*aloz* en vez de arroz). ¿Qué características tiene el japonés desde el punto de vista del puertorriqueño? Amarillo, karateca, bueno para la gimnasia, bueno para las matemáticas, inteligente.

Nada de animé aún.

Es probable que tenga que ver con que a la generación de Residente, que tiene cuarenta y seis años, a no le tocó crecer con la presencia que el animé iba a tener después. Los reggaetoneros o urbanos que luego han hablado de Japón —Rosalía, Feid, Young Miko, Villano Antillano, Rauw Alejandro, Alvaro Díaz, Anuel, Polimá y J Balvin— tienen menos de treinta y cinco años, salvo Balvin que tiene treinta y nueve. Y menciono sus edades por lo siguiente. El año 2006, el ministro de Relaciones Exteriores de Japón anunció una nueva política de Gobierno, que en realidad era una marca país: *Cool Japan*, que existe todavía, y se trata de dos cosas:

Identificar eso que a Occidente le interesa de Japón para sistematizarlo y propagarlo, desde samuráis hasta la estética *kawaii*.

Hacer de la imagen país algo limpiecito. Ejemplos: sí a los videojuegos, sí a lo *kawaii*, sí a la comida japonesa, sí a lo *otaku*; NO al *hentai*.

Si algo quería ser exportado de Japón o si se quería fomentar el turismo era cosa de ponerle animé y listo. Lo que contaré ahora lo leí en un libro que debo honrar porque no habría ninguna forma de que lo supiera si no lo hubiera leído. Se llama *Neojaponismo* y es del académico español Jaime Romero Leo. Ahí dice que existe la región de Hakone, cerquita de Tokio, que tiene aguas termales y vistas preciosas, pero aún así el turismo no lograba despegar, hasta que en *Neon Genesis Evangelion* la pusieron como lugar en el que estaba la ciudad postapocalíptica "Tokio 3". Entonces la oficina de turismo empezó a hacer mapas de los lugares que aparecían en *Evangelion*, con ilustraciones de Rei Ayanami, por ejemplo, transformándolo en un lugar de peregrinación para quienes aman la serie.

La generación neojaponizada, esa que tuvo una infancia o adolescencia a principios de los dos mil, creció con el *Cool Japan*.

Pego un salto al año 2016. J Balvin marca un antes y un después en el reggaetón al sacar la canción "Ginza", que es un distrito de Tokyo. Pero la referencia es media casual: J Balvin promocionaba la canción en Instagram con un filtro de nombre "Ginza", y la gente empezó a preguntar por el tema con ese nombre. Pero el mismo Balvin se mete con más profundidad en Japón cuatro años después, cuando el arte del disco *Colores* es hecho por Takashi Murakami, un artista que, entre muchísimas cosas, vendió una pieza de arte por 15 millones de dólares en una subasta en Nueva York el año 2008 y trabajó con elementos de la guerra y la posguerra mezclándolo con cosas más poperas.

Lo dije antes: el Miko de Young Miko —veintiseis años— significa "hija de Dios" en japonés, pero también su (ex) pelo platinado es un homenaje a Japón porque se iguala a Killúa, un personaje de *Hunter x Hunter*, una serie absolutamente apropiada para lo que el *Cool Japan* quiere instalar.

Lo de Young Miko no es solo un asunto de pelo. Algo de lo que vemos su personalidad irradia lo mismo que la de Killúa. Ternura, por un lado; creerse la muerte, por otro. En su Bizarrap, Young Miko sonríe adorable mientras rima:

> Aunque toa' las marca' me quieran auspiciar
> Aunque ya toda' mi exes quieren ser la oficial

Hay más. Villano Antillano, reggaetonera-rapera que ha colaborado con Young Miko, llevaba dos años transicionando cuando sacó el disco *La sustancia X*, con una portada inspirada en un personaje de *Evangelion* —Asuka, la chica de pelo naranjo— que —*atentis*— también aparece en los mapas promocionales de Hakone.

Feid, por un lado y Anuel junto a Bad Bunny, por otro, se transforman ellos mismos en figuras de animé en las canciones "Sorry 4 that much" y "Thinkin", respectivamente.

Alvarito Díaz le pone *Sayonara* a su último disco y su portada tiene una estética de videojuego.

En "Baby Otaku" —que está entre las veinte canciones más escuchadas de los últimos diez años en Chile— Polimá Westcoast y Pablito Pesadilla tienen como ideal a una chica *otaku* que los quiera "como Pucca quiere a Garu". Esta canción, eso sí, tuerce los propósitos del *Cool Japan* en algunas frases nada limpiecitas: por ejemplo, se quiere que la *baby otaku* lo "mame en el Subaru".

Con la torcedura del *Cool Japan* voy llegando a Rosalía, pero antes hablaré de Rauw Alejandro y Bad Bunny.

Rauw Alejandro mezcla el Japón antiguo y las imágenes del Japón posguerra en su propia imagen. Por un lado, tiene tatuado un samurái en el cuerpo. Por otro, tiene el video de "Qué rico chingamos", filmado en Akihabara, un barrio de Tokyo muy *Cool Japan,* porque es icónico en relación con lo *otaku*. Ahí aparece con un grupo de hombres, actuando de borrachos y luego besando a unas chicas hechas por inteligencia artificial que hacen *cosplay*. Pero, me cuenta un amigo intensamente *otaku*, Rauw hace chocar la idea de lo latino con lo japonés en esa borrachera desordenada en medio de las calles y subiendo las escaleras mecánicas: Japón es orden estricto.

Sigo con Bad Bunny, que tiene a "Yonaguni" como uno de los casos más recordables de la incorporación de lo japonés. Ahí vemos alusiones a *Naruto*, las animaciones de cerezos en flor (*hanami*) y él mismo hecho dibujo mientras canta algo muy triste en japonés:

> Hoy quiero tener sexo contigo,
> pero solo contigo
> ¿Dónde estás?
> ¿Dónde estás?

Me saltaré a *Data*, de Tainy, porque lo trataré en dos capítulos más. Así que por fin llego a Rosalía, quien es por lejos la más "Tamo`en Japón" de todas y todos.

Su *Motomami*, al igual que *Data*, mezcla la idea futurista —moto— con la idea de la chica de carne y hueso —mami— y encuentra canciones como "Chicken Teriyaki" que alude a la comida, algo muy *Cool Japan*. Pero tal como "Baby Otaku", también tuerce la idea limpia de esa marca país. Recordemos: el *hentai* ("anormal" o "extraño", en japonés; además de referir al sexo explícito en animé, música o manga) no es lo que quiere exportar Japón al mundo, pero Rosalía tiene un tema que se llama justo así —"Hentai"— que quienes leen esto seguro reconocen y del que ya he dicho que es una alabanza al pene de su entonces novio, Rauw Alejandro.

Pero el video más profundamente japonés es el de "Tuya". Hace poquito la modelo-actriz Hunter Schafer dijo que había tenido una relación de seis meses con Rosalía. Antes de la declaración, se cotilleaba que "Tuya" ("solo esta noche soy tuya, / solo esta noche eres mía") era sobre Hunter. En el video, Japón está en todos lados: está grabado en Tokio, incorpora el koto —un instrumento musical japonés—, los letreros luminosos, se baña en las típicas termas de Japón y come ramen mientras mira y sonríe absolutamente hermosa.

Voy cerrando el capítulo, con la idea de mi amigo intensamente *otaku* y volviendo a "Japón", de Calle 13. A pesar de que no se inserte en el *Cool Japan* y Residente sea mayor que quienes crecieron con la exportación de esa marca país, vemos el choque de la idea de lo latino y la idea de lo japonés —tal como en el tema de Rauw— cuando Residente describe el cuerpo de la mujer puertorriqueña como un desborde sexual.

Aunque en realidad voy cerrando con esto: ahora mismo hay una campaña de Dior que también está en Japón y es protagonizada por Rosalía, J Balvin ha llenado conciertos en Tokio y Bad Bunny cuenta que casi decide no cantar en japonés precisamente porque se lo pidieron para entrar al mercado de allá y le encanta llevar la contra. Pero siempre viene un pero. Por mucho que haya referencias japonesas, no es tan fácil entrar al marcado allá. Jaime, el mismo que escribió el libro *Neojaponismo,* me cuenta que si se prende la radio lo que se escucha no es reggaetón, sino música de allá y k-pop. Todavía no hay un intercambio, sino una exportación de Japón hacia nosotros que acogemos lo que nos fascina. Residente en el tema "Japón" tenía una pregunta imposible de resolver: "¿Qué pensarán de nosotros en Japón?".

Y quién sabe, pero tal vez sea nada.

A propósito de "Tuya" de Rosalía, haré una extrapolación tal vez irresponsable pero al menos compartida: las formas de visitar Japón en el reggaetón son bien diversas y con distintos grados de rigurosidad. El animé lésbico se llama yuri y el animé gay se llama yaoi. Aquí, una pequeña listita de urbanos *yuri y yaoi*. →

## Lista de reggaetones *yuri y yaoi*

| | |
|---|---|
| "El makinón"<br>KAROL G Y MARIAH ANGELIQ | El momento lésbico es breve. Apenas una bajadita de Karol por el vientre, la guata o barriga de Mariah Angeliq; pero una bajadita es una bajadita y por algún motivo medio inexplicable —"lo esencial es invisible a los ojos"— en esos tiempos Karol se veía más lésbica que ahora, aunque hace poco haya sacado el video de "Contigo" en el que tiene una relación con Young Miko. |
| "Estilo Wekereke",<br>MATÍAS MATTEL | No es tan famoso, pero la palabra chilena *wekereke* como sinónimo de gay es maravillosa. |
| "Linda",<br>ROSALÍA Y TOKISCHA | Si bien "Tuya" vibra más lésbica, la frase "Las amigas que se besan son la mejor compañía" constituye himno. |
| "No tiene la culpa",<br>ROMEO SANTOS | La verdad, esta es de difícil clasificación. Romeo Santos, el bachatero más reggaetonero que existe, cuenta la historia dura, pero común, de Manuel para que empaticemos. Eso sí, para que no nos confundamos canta que él es "cien por ciento heterosexual". |
| "Curita",<br>YOUNG MIKO | Igual que "Tuya", sugiere intimidad, pero desde otro lugar: la adoración no es para sí misma si no para la otra persona. |

Diablo me duele tanta baba.

Tú me puedes provocar".

decir que pa' la cama voy.

el hotel.

ganas no vamo' a llegar.

esperados

parquear.

el asiento.

tumbarme

que "no, no, no van a poder".

Estoy brillando con highlighter, no lo ves.

un clavel en mi melena, no lo ves.

he subido quince stories, no lo ves.

y un calvo se estaba peinando

y un sordo me estaba mirando

Es una lluvia de alcohol que te empapa.

una nube de humo que te arrebata.

sintió un hechizo de sus ojos de gata

que te seducen y en sus garras te atrapan.

Esa es una sata que ha vacilado contigo

y que ha puesto a gatear a todos tus amigos.

Murrido del canto del pueblo unido.

Ya hubiera vencido si por mí hubiera sido.

será construir un mundo latino.

Estoy brillando con highlighter

un clavel en mi melena

he subido quince stories

Es una lluvia de alcohol que te empapa.

una nube de humo que te arrebata.

sintió un hechizo de sus ojos de gata

que te seducen y en sus garras te atrapan.

Esa es una sata que ha vacilado contigo

y que ha puesto a gatear a todos tus amigos.

Cuando crezcan donde yo crecí se crían donde me crié.

El cuerpo rozar, diablo me duele tanta baba.

Yo le digo: "Tú me puedes provocar".

Eso no quiere decir que pa' la cama voy.

Tengo reservado el hotel,

pero con estas ganas no vamo' a llegar.

Somos dos desesperados

por eso nos fuimos que parquear.

Nos espera el asiento.

Estoy brillando con highlighter, no lo ves.

un clavel en mi melena, no lo ves.

he subido quince stories, no lo ves.

y a un cojo que estaba bailando

y un ciego me estaba mirando

y un calvo se estaba peinando

y un sordo me estaba mirando

Y te juro que lo he tratao.

Pero es que ninguna si te para al la'o.

Desde que te fuiste sigo traumatiza'o.

Escuchando Masterpiece, baby, me siento down

down, si no tengo de tu piel, down.

hacia abajo a mí me gusta cuando baja bouncing.

hacia abajo

hacia abajo.

Tú tienes una linda, yo feas tengo tres: eso en cuatro no se ve.

En cuatro, baby, te agarro por el cuello y te pones sata.

Vamos a hacerlo: una, dos y a las tres ponte en cuatro.

Y darte en cuatro el 4 de julio.

otro round.

Hablando claro/tengo un problema.

Aburrío de ver tantos muertos y vivos.

Es que rápido me enchulo de las nenas.

Si me hablan lindo, me caso sin dilema

y me las como, desayuno, almuerzo y cena.

Aquí llegó el maestro.

Llegó Tego Calderón.

con nosotros los malos.

Te juro que lo he tratao.

Pero es que ninguna si te para al la'o.

Desde que te fuiste

Escuchando Masterpiece

down, si no tengo de tu piel

Yo soy Don, criao en Puerto Rico

con carros de medio millón

y prendas que hay que pedir permiso

Entonces, háblame

¿Tú crees que puedes competir conmigo?

Ni una, de las tuyas

si tú ere' el cangri

yo soy el rey de la

No me vuelvas a decir nene.

Yo no soy tuyo ni de nadie.

yo soy solo de mí.

aquí llegó.

aquí llegó el maestro

Llegó Tego Calderón.

con nosotros los malos

Adidas no me usa, yo estoy usando adidas.

Mi estrategia es diferente, por la salida entro.

Me infiltro en el sistema y exploto desde adentro.

¿Dónde vas tú con tu juego?

Número dos, se apagó el fuego de la pasión.

Y te quejabas como te hacía el amor.

Número tres, con todo y eso que fuiste su mujer.

Está hablando de espalda con todo el mundo que ve.

me llama y me dice que estoy loca,

una zorra y eso es lo que le toca.

pasar por nuestro córner

sabes que te vas sin Jordan.

ya'o a cada una de nosotras

queremos matarte to'as.

su mujer.

mundo que ve.

Adidas no me usa, yo estoy usando adidas.

Mi estrategia es diferente, por la salida entro.

Me infiltro en el sistema y exploto desde adentro.

Número dos, se apagó el fuego de la pasión.

Y te quejabas como te hacía el amor.

Número tres, con todo y eso que fuiste su mujer.

Está hablando de espalda con todo el mundo que ve.

¿Tú crees que puedes competir conmigo, canción por canción?

Ni una, de las tuyas

si tú ere' el cangri

yo soy el rey de la

Tu madre me llama y me dice que estoy loca,

una zorra y eso es lo que le toca".

por nuestro córner

tú sabes que te vas sin Jordan.

No soy pobre, soy triste.

# XII

# UN FUTURO (D DE DINAMITA)

ROSALÍA

+++++++++++++++++++++++++++++++++++++++++++++++++

*Yo soy muy mía*
ROSALÍA, "Saoko"

Aprovecho de jactarme porque esto nunca pasa. A Rosalía llegué a tiempo. Casi a tiempo. Pasando *stories* de Instagram, vi una en la que sonaba "Antes de morirme" y se me volcó el corazón. No la conocía —tampoco a C. Tangana— evidencia de que a él sí llegué tarde. Lo de Rosalía fue menos grave. Aunque ya había sacado el disco *Los ángeles,* aún no aparecía su consagración —*El mal querer*— y tenía poquito más de noventa mil seguidores en Instagram. Menciono esto porque su momento más humilde coincidió con mi momento más glorioso: le mandé un mensaje interno que decía "te amo" y ella me respondió un educado y rojo corazón de vuelta; tengo un pantallazo que lo prueba.

Poco después escuché "Brillo", su colaboración con J Balvin y cada frase me calaba:

> Estoy brillando con *highlighter*, no lo ves.
> Un clavel en mi melena, no lo ves.
> He subido quince *stories*, no lo ves.

Cantaba reflejando la ansiedad amorosa que te descentra y descontrola mientras permaneces invisible para el otro y, mientras más invisible, más te descentras: es un círculo espantoso. Lo que sigue en la canción no es tan trágico o al menos pasa del descontrol hacia algún poderío, se vuelve visible, y aunque no es un buen amor, es un amor.

Luego de "Brillo" me consagré a saber todo de Rosalía y me enteré de que sacaría un disco al que le dediqué una espera más apasionada que la de quien está en vilo por una nueva temporada de su serie favorita. A veces las esperas son mejores que lo que llega. Pasa con los viajes, los cumpleaños, las fiestas. La llegada de *El mal querer*, en cambio, fue mejor que su momento previo. Recuerdo bien esto: estaba en mi pieza, escribiendo en el computador, cuando llegó el entonces pololo de mi hermano a mostrarme "Pienso en tu mirá".

> Me da miedo cuando sale
> sonríendo pa' la calle
> porque todo' pueden ver
> lo' hoyuelito' que te salen.

Eran los primeros versos de una canción que decía mucho de Rosalía y su forma de existir, siempre inatajable. ¿Era trap? ¿Era flamenco? ¿Era pop? ¿Era una mujer celosa? ¿O Rosalía se apropiaba de la voz de un hombre? ¿Eran dos voces: la celada y el celoso? ¿Empatizaba con quien siente celos? ¿Le castigaba?

Al oír la canción sin video, sentí el sufrimiento del celoso que todo el tiempo ve la pérdida de quien ama y perdido, perdida, canta:

> Cuando sales por la puerta
> pienso que no vuelves nunca
> y si no te agarro fuerte
> siento que será mi culpa.

Luego vi el video, que ahondaba en la ambigüedad a través de la imagen de Rosalía cantando los celos a la vez que acicalándose para salir. Rosalía apuntada por escopetas, pero varios hombres ensangrentados por una bala en el pecho. Hay quienes no la vieron tan ambigua. Recuerdo una columna de *El País* que decía que era una crítica a la violencia machista y mostraba argumentos bien pertinentes para demostrarlo. Además *El mal querer* estaba basado en una novela anónima medieval, *Flamenca*, que hablaba del camino de liberación de una mujer tan hermosa que su marido no soportaba que la miraran y decidía encerrarla. El viaje de *Flamenca* no era el clásico viaje del caballero hacia la doncella amada, sino la huida de una mujer que lograba escapar por su inteligencia, junto a su amante. La novela fue prohibida: no calzaba con los valores de la Iglesia al no considerar al sexo como pecado.

A pesar de todo, me pasaba esto: al volver a escuchar la canción se suspendía todo lo que había leído de *Flamenca* porque parecía que Rosalía sentía cierta ternura hacia el celoso. Y además había una frase en el arte de la edición en vinilo que resaltaba: "Y el querer te va a llegar finalmente, sea buena o malamente".

Podría enredarme para siempre en esto, así que dejo el tema para que cada quien dirima:

Nueve años antes de *El mal querer,* Rosalía audicionó en el programa de talentos *Tú sí que vales,* con altísimo fracaso. Cuento esto porque aunque las historias que oscilan entre un inicio difícil y el alcance de la gloria resultan un lugar común, es un lugar común apasionante.

Rosalía tenía quince años. Primero cantó "Como un mar eterno" y el jurado reaccionó con esas frases de consuelo que son más lapidarias que el rechazo honesto:

"Yo creo que tienes mucho potencial pero todavía tienes que sacarlo, por lo tanto lamentándolo mucho voy a decir que no".

"No pasa nada, yo he venido aquí a aceptar las críticas y a aprender de profesionales como vosotros".

Luego cantó otro tema "Leave (Get Out)", de Jojo, en el que desafinó dolorosamente.

"Rosalía, has desafinado bastante, regularmente durante el tema".

"No se puede hacer todo: intentar interpretar, cantar, bailar. Me pidió fuerza, pues aquí tiene fuerza. He intentado hacerlo. Te lo digo de verdad".

Varios años después, en una entrevista que le iba a hacer Penélope Cruz, dirá que fue un momento de lección. Pero quiero permanecer en el pasado, cuando Rosalía era aún una estudiante de la Escuela Superior de Música de Cataluña, donde fue alumna de Chiqui de la Línea, *cantaor* español, que admitía nada más un alumno por año. Y quiero permanecer en este pasado porque aunque es obvio que para alcanzar lo que ella ha alcanzado hay que trabajar fuerte, mi lado no tan consciente sentía que Rosalía había nacido perfecta.

En el libro *La Rosalía: ensayos sobre el buen querer*, cuentan que su avidez era todo. Se quedaba hasta tarde, llegaba temprano, siempre quería aprender más de lo que le enseñaban. Por un tiempo tuve una teoría absolutamente sacada de la nada. Era que *RR*, el EP de su amor con Rauw Alejandro, contenía el futuro quiebre entre ambos. Me imaginaba a Rosalía intensamente trabajólica y a Rauw más playa, a un paso lento que impacientaba a Rosalía tal como cuenta Wisin de Yandel. Luego semiabandoné la teoría, pero en realidad no importa mucho esto. Lo que importa: es el trabajo combinado con lo que se dice en los ensayos del buen querer. Que una artista así nace cada cincuenta años.

Todavía estudiando, sacó *Los ángeles.* Su tesis de grado fue *El mal querer.* Hubo quienes criticaron el cambio de un flamenco (relativamente) puro de *Los Ángeles* a la impureza que fue *El mal querer.* También estuvieron los que criticaron su paso al reggaetón, un reggaetón inclasificable, de temas como "Con altura", "Yo x ti, tú x mi", "La noche de anoche" o al sí más tradicional —aunque no en términos de letra— "Relación *remix*". Pero lo que en serio recibió críticas fue *Motomami,* el disco que siguió a *El mal querer.* Buena rencorosa, tengo excelente memoria y jamás perdonaré a quienes se burlaron del adelanto del disco que escuchamos en

"Hentai". Era un adelanto de diez segundos que a algunos les pareció suficiente para decir que el disco era pésimo y que la letra era una estupidez.

Cuando salió, las críticas casi desaparecieron, asunto que me molestó todavía más porque —buena rencorosa— soy irracional y sentía que la gente tenía que pedirme perdón A MÍ. También se disiparon las funas, ya no se leían muchos comentarios criticando el uso de Rosalía de un abrigo de piel, por poner un ejemplo. Aquí quiero hacer un punto personal: no me alegró nada que Rosalía usara ese abrigo, pero ante la discordia con alguien de quien una es fan, se tiende a fingir demencia, pasar por alto y olvidarse para seguir escuchando lo que una ama. Una cantante de otro género musical, Fito Paéz, dice: "El gusto es lo único que no se puede cauterizar". Y eso hay que cuidarlo.

En la primera canción de *Motomami*, "Saoko" —un homenaje a "Saoco" de Wisin y Daddy Yankee— Rosalía se cuida de nosotros dando una declaración de principios: "Yo soy muy mía, yo me transformo", para decirnos que este disco no será *El mal querer* y que dentro del mismo *Motomami* va a pasar por todo. Tanto que también pareciera escaparse de ese "Saoco" que venera.

Ahí, Daddy Yankee canta:

> Mami, ven y trépate en el caballito.
> ¿Quién tú ere'?

Y Glory responde: "Tu bizcochito".

"Bizcochito" es otro tema del disco *Motomami*, en el que Rosalía dice: "Yo no soy ni voy a ser tu bizcochito".

*

Sin odio, en fuga de lo que ama, es tan original como las y los más grandes de este libro. Tanto que me costó mucho saber dónde ponerla —incluso decidir ponerla—, porque podría estar en muchos capítulos o en ninguno. Pero tiene que estar. Aunque introduzca nuevos sonidos y letras al reggaetón, es el reggaetón el que se mete en ella, en España. No solo en ella —claro—, sino también en C. Tangana, Rels B o K-Narias. Juanma, el editor de este libro, me decía algo sobre los santos que me gustaría mencionar acá: aunque España nos impuso una religión y una lengua, Latinoamérica devuelve un montón de castellanos distintos y santos, y vírgenes inesperadas y subversivas. El reggaetón junta todo lo que conlleva Centroamérica —África, España y Estados Unidos—, ahora hace un cruce con Japón, Sudamérica tiene presencia y va como *boomerang* a España.

*

Vuelvo a Rosalía. En esa entrevista con Penélope Cruz que mencioné, ella le pregunta por su originalidad constante. Y Rosalía responde: "Hay un escritor que a mí me gusta mucho, Ocean Vuong, que dice que las normas son como las calles: solo te pueden llevar a sitios conocidos".

# XIII

# UN PASADO, SIEMPRE UN FUTURO

WISIN Y YANDEL

++++++++++++++++++++++++++++++++++++++++++++++++++

*Sin duda alguna,*
*los extraterrestres musicales*
WISIN Y YANDEL, "Sexy movimiento"

Existe un mundo sin "Rakata".
Sin "Noche de Sexo".
Sin "Besos mojados".

Es el mundo en que Wisin y Yandel no son dúo. Es un mundo que estuvo a punto de permanecer. Eran los años noventa y vivían en Cayey, un pueblo de Puerto Rico en el que todos se conocen, así que se miraban desde lejos, cada cual en su propio dúo.

Wisin, con un tal Alexis.

Yandel con un tal Fido.

La música todavía no les reportaba plata. Wisin lavaba autos, cuidaba gallos de pelea y empacaba en el súper, mientras Alexis decidía irse a Estados Unidos a buscar trabajo.

Wisin y Alexis se disolvía.

Luego estaban Yandel y Fido. El primero era barbero mientras Fido decidía, o no le quedaba otra que enrolarse en las tropas que Estados Unidos iba a mandar a la guerra de Kosovo.

Yandel y Fido se disolvía.

Era 1998. Sin compañero, Yandel pensó en Wisin: "Está solito, es *chanteador*, yo corista, vamos pa' encima". Quien *chantea* es el que en el tema va frontal, más agresivo y rapeando. El corista es más melódico, suavecito, del tipo chico de las poesías.

Entonces nacía Wisin y Yandel, *los extraterrestres, el dúo de la historia.*

Las divisiones de Wisin chanteador y Yandel corista no eran solo las de personajes que se manifestaran únicamente en los temas. No era solo que Yandel dijera:

> Te siento, me envuelvo,
> yo quiero de ti, tú quieres de mí,
> Antes de que Wisin dijera
> PÉGATE COMO LAPA
> HOY TÚ NO TE ME ESCAPA'
> MAMI DAME UN BESITO Y VÁMONO' COMO TAPA
> DOBLEÚ EL MACHUCA' PAPA'.

Tampoco era solo que Wisin rapeara con la urgencia de alguien que se hace llamar "el sobreviviente" mientras Yandel cantara con la suavidad de quien dice de sí mismo "el que más entona".

Esos personajes de chanteador y corista también tenían una separación en su modo de existir como personas. Un ejemplo: Yandel cuenta que lo que más le inquieta de Wisin es que en el estudio lo enloquece su parsimonia: llega con calma, revisa su parte de los temas con calma, se come una fruta con calma, se toma una cocacola con mucha calma y observa —también con calma— cómo Wisin se desespera por no partir ya a trabajar. Pero Yandel también va a tener sus propios problemas con Wisin cuando recién empezaban. No hace falta ser ultraperceptivo para sospechar que Wisin era el que solía tirar mientras Yandel se quedaba piolita. Tampoco hace falta ser ultraperceptivo para sospechar que esos problemas iban a partir con el agitador del Género, Héctor el Father. Eran tiempos de dúos. Estaba Baby Rasta y Gringo, Héctor y Tito, Maicol y Manuel, Plan B, Yaga y Mackie, Zion y Lennox, Las Guanábanas y —atención— Alexis y Fido (¡también pudo existir un mundo sin "Cinco letras" o "Soy igual que tú"!).

Pero vamos a Héctor y Tito, el dúo que tenía Héctor el Father.

Héctor no soportaba que le saliera competencia y Tito trataba de aplacar y hacerlo entrar en razón con los argumentos de que viajaban como nadie, pegaban como nadie —hechos bien ciertos—, y él se andaba preocupando de que esos *chamaquitos* tuvieran algún tema rotando por ahí. Pero la complicación real no estuvo con Héctor, sino con su discípulo y luego enemigo, Don Omar. Wisin sacaba un disco solo en el que le pegaba a Don:

> Tírenle por encima el manto azul.
> Te voy a pasear en un baúl.
> Se murió, cierren el ataúd.

Y Don, producido por Luny Tunes, le tiraba de vuelta a Wisin en un tema que circulaba en la radio volviéndose mucho más grande que la tiradera de Wisin:

> ¿A quién tú vas a meter en un baúl?
> ¿A quién tú vas a ponerle un manto azul?

El episodio es fundacional. Wisin entendió que no había nacido para la calle, así que decidió no responderle a Don Omar. "Descubrí que si me iba de frente con esa ola, yo me iba a ahogar". Entonces se fue con Yandel y Nesty —su productor— a escribir y componer a un pueblo de montaña en el que nadie se iba a preocupar más de ellos. Luego del retiro salió el disco *Pa'l mundo*, donde está "Mayor que yo", "Noche de sexo" y "Rakata", un tema que según Yandel es capaz de resucitar al más borracho de una fiesta. El retiro también sirvió para disipar conflictos: tiempito después iban a colaborar con Don Omar en "My Space".

Uno es quién es, así que aunque Wisin se detuviera con el asunto tiraderas, no iba a parar de hablar. Se nota en las entrevistas, sobre todo en una de *Molusco TV*, donde se come a Yandel, insistiendo en dos ejes: lo mucho que importa dejar el conflicto y ser colaborativo; y lo mucho que había que esforzarse en los principios del Género para poder estar en lo alto: "Los únicos que saben lo que he pasado para estar dónde estoy son Dios y Yandel".

Para ilustrar cuenta una anécdota incompleta pero que fascina. Su primer show de la vida, donde pensaban que iban a *romper*, fue cancelado por asuntos de organización. Se enteraron ahí mismo, cuando llegaron al estacionamiento del lugar. Y por algún motivo que no explican tuvieron que disfrazarse de Batman y Robin para contar que no iba a haber espectáculo, humilladísimos. Pareciera que a Wisin le gustara tanto hablar de este origen para darse el crédito de quien se esforzó en serio habiendo crecido en un contexto difícil, pero también para aleccionar. Hay algo ligeramente *boomer* pero parcialmente cierto en esas lecciones, que encuentran una observación certera: "Esa plaza del dúo está vacante y los nuevos no se dan cuenta".

Si lo pensamos, la mayoría de los dúos que existen son los que se formaron a fines de los noventa o principios de los dos mil, salvo excepciones como Gigolo y la Exce, y Natan y Shander. Wisin tiene un diagnóstico y aquí viene lo *boomer*: "Ya a la gente no le gusta trabajar en equipo, ni pensar en un *nosotros*. Yo voy a pensar en mí".

No sé si sea tan así. Tal vez haya otras formas de unión en la existencia de dúos que no son entre *chanteador* y corista, pero sí de cantante y productor. Como Karol G con Ovy on the Drums o Maluma con The Rude Boyz o —atención acá porque quizás sean el futuro del reggaetón colombiano— el "Cali Cartel", un grupo de chicos y chicas que traslada al Género desde Medellín a la otra capital musical: Cali. También está la fusión Bad Bunny-Tainy y la de algunos dúos esporádicos pero favoritos para quienes estamos de público, que tienen colaboraciones que se esperan y se celebran. Pienso en Alvarito Díaz con Rauw Alejandro o en Young Miko con Ferxxo.

De todos modos quiero dejar en esta página la poca presencia de esa combinación entre *chanteador* y corista porque no tengo teorías —ni siquiera de esas de las que una ama hacer cuando está borracha y con la lengua irresponsable— sino un montón de dudas que me encantaría que quienes leen esto intentaran resolver.

*

Tainy, sí, ofrece un tipo de solución. Por supuesto quería hablar (¡otra vez!) de él y su disco *Data*, que tiene una portada diseñada por Hiromasa Ogura, el creador de *Ghost in the Shell*, una película noventera de un animé que imaginaba un futuro sin alma. En la portada, aparece Sena, una androide que solo existe en el universo de Tainy y que encuentra forma en un rostro que grita o se impresiona, tiene pelo rosado y mangueritas múltiples conectadas a su cabeza. Lo que se transmite por las mangueritas es cada una de las canciones del disco, por las que Sena recibe distintas emociones, algo que lo hace más humano. O humana.

Diré algo obvio: lo que pasa en el presente se percibe fácilmente como presente, salvo la Inteligencia Artificial, a la que se teme como a lo que todavía no ha pasado. Quizás hablo por mí porque dentro de las profesiones más reemplazables por la IA, está la de periodista y la de escritora; justo las mías. Me alivié un poco cuando le pregunté a ChatGpt cómo sería un libro de reggaetón escrito por una autora chilena, e hizo algo muy esquemático (y ruego porque estén disfrutando este libro más de lo que disfrutarían un esquema). Una amiga con menos miedo a la vida que yo, la ve como una herramienta y como una ejecución humana, al menos parcialmente. Por ejemplo, en el tema de IA de Bad Bunny del que ya hablé también está dispuesto por la inteligencia de un autor de carne y hueso bautizado como FlowGPT. Además este coautor, comido por el muy humano ego, empezó a mostrar cada vez más su personalidad en las redes sociales. Y, todavía más humano, recibió *trolleos*.

Pero mi inquietud sigue. Leí un artículo que hablaba de unas especies de granjas de escuchas falsas: celulares sin dueño reproduciendo el mismo tema en Spotify.

Soy pésima adivinando lo que pasará y no me gustan los libros que terminan en síntesis de un futuro, así que quiero huir de este tema. Como todo lo que cambia rápido, el Género y su futuro no es atajable ni predecible. Hace casi nada se pensó que sería devorado por el dembow dominicano —y miren—, y el productor Mygal me dice que en una de esas todo se vuelve más tecno o caemos en el aburrimiento por exceso: piedra que se levante, músico urbano que aparece.

Vuelvo a *Data* y a *Ghost in the Shell.* No al contenido de la película sino al gesto de Tainy al incorporarla. Es un animé del pasado —1995— que piensa en el futuro, y algo de ese futuro es hoy. *Data* es la integración entre pasado y presente. Tal vez no sea capaz de resucitar a los dúos, pero sí de hacer la mezcla entre artistas de los primeros días del reggaetón con otros que están pasando ahora. Jowell y Randy, y Feid. Feid y Judeline. Jowell y Randy junto a Young Miko cantando "Un perreo sucio como en los tiempos de antes". Pasado y presente no solo en *Data*, sino que también en todas las citas de artistas de ahora a los reggaetones del origen y pienso que tengo, y tenemos, suerte. Hay un meme que se usa para distintos artistas, pero que aplica especialmente para el Género, y dice: "Si alguna vez estás triste, recuerda que el mundo tiene 4535 millones de años y de alguna manera lograste existir al mismo tiempo que el REGGAETÓN", porque ayuda a llevar mejor los días. Es una diversión para quienes aman odiarlo y una alegría para quienes amamos-amamos.

Aquí recuerdo una entrevista. Era a Young Miko y dice: "What a time to be alive". La frase va alineada con el meme y la traduzco al castellano porque esto es la Nueva Religión: "Qué buen momento para estar viva".

Qué buen momento.

# XIV

# EL FINAL DESPUÉS DEL FINAL: CHILE

PABLO CHILL-E

++++++++++++++++++++++++++++++++++++++++++++++++

*Y sé que para mí Dios tiene un plan*
POLIMÁ WESTCOAST, PABLO CHILL-E, "My Blood"

Una presentación breve de Alex Gárgolas, para refrescar la memoria. Puertorriqueño, pionero del reggaetón al producir al dúo de Los Cangris (Yankee + Nicky Jam) y quizás ni tengo que refrescar la memoria porque hizo (no hay adjetivo posible para elogiarla) "Soy una gárgola", junto a Randy, que incluso fue parafraseada por cantantes de otro género: los cumbieros argentinos Wachiturros.

Seguro esta presentación no es tan necesaria en Chile. Hace algunos años, Alex Gárgolas tuvo la inteligencia de empezar un compilado como los de antes, al estilo Playero o The Noise, reuniendo a varios artistas en un disco que iba a llamarse *Reggaetón chileno Vol.1*. Pero (y esta referencia solo la entenderá un chileno, sepan perdonar) se mandó un gran "qué ahueonao, se equivocó". Con una falta de habilidad muy curiosa para un productor con treinta años de carrera, dijo en sus redes sociales, abro comillas y cito textual:

> Ahora viene la prueba de fuego para los chilenos. Cuántos se van a quedar sonando en regiones de Chile y los que van a trascender al mundo. Asia, África, Estados Unidos, Canadá, PR, Inglaterra, México, Alemania, Japón. Cuántos van a tener sus propios jets privados y sus Rolls Royce. Ahora que Chile está en el mapa.

Cierro comillas. Tal vez era una provocación para hacer más competitivos a los protagonistas del Género, y no unas palabras desafiantes e innecesarias, pero ya diría una abuela: "De buenas intenciones se pavimenta el camino al infierno". Su infierno fueron los mismos músicos a los que supuestamente iba a apoyar, en la fuerza de la voz de Pablo Chill-E, que también respondió por redes sociales: "Los artistas urbanos chilenos nunca hemos necesitado la ayuda de nadie pa' sonar pa' afuera (porque nadie quería ayudarnos tampoco)", y luego continuó: "Y ahora que está toda la vuelta armada, menos! Cabros kls que los de afuera no se adueñen de nuestro género ni los hagan creer que nosotros no podemos hacerlo por nuestra cuenta!".

El compilado nunca se hizo.

*

Entre el 2017 y el 2019 Chile estallaba en varios sentidos y uno de ellos era la música urbana en forma de trap. Ahí, Pablo Chill-E era protagonista con dos himnos. "Shishigang", con Kevin Martes 13, y "My Blood", con el chileno-angoleño Polimá Westcoast.

En "Shishigang" sale vestido absolutamente de negro junto a su corillo —dirían en Puerto Rico—, o —en sus palabras— amigos que son sinónimo de familia. El tema alude a armas, alude a drogas y alude a mujeres; pero cualquiera que lo haya escuchado entiende que no es el típico tema de armas, drogas y mujeres:

En parte porque tenía la potencia de contener la muerte de Kevin Martes 13, que hace un *featuring* póstumo. Murió a los diecisiete en un accidente de auto, un año antes de que saliera el tema y su canto contenido en audios de WhatsApp fue mezclado llorando su muerte, cuenta en una entrevista Melou-D, el ingeniero que trabajó la canción.

"My Blood" salió el mismo año que "Shishigang", 2019, y diecinueve tenía Pablo. En este video aparece vestido totalmente de blanco igual que el otro trapero irremplazable de esos días, Polimá. "My Blood" contiene la frase fundacional y profética para el trap y reggaetón chileno: "Voy a poner a to'os los niños de la pobla a cantar". Quizás la palabra profética no sea la adecuada. Demasiado azar que no les hace justicia a la tenacidad y el trabajo de Pablo Chill-E, que abrió un camino por el que luego iban a pasar Marcianeke, Julianno Sosa, Pailita, El Jordan 23, Kidd Voodoo, Akriila, Kuina, Jere Klein, Floyy Menor y por supuesto Cris MJ, la estrella que saca *palo* tras *palo,* el disco (de nuevo me quedo sin adjetivos) *Partyson,* le gana en escuchas de Spotify a Anuel y Ozuna y —esto lo sé porque tuve la suerte de verlo en vivo— fue el único chileno tocado en una fiesta en Madrid por DJ Playero. Ayudamemoria: el primero en producir a Daddy Yankee a principios de los años noventa.

*

No me adelanto, quiero mantenerme en ese 2017, 2018, 2019. Voy a simplificar sin estar del todo de acuerdo con esa simplificación. Esos días estaba el triste trap que nombré en el capítulo de Bad Bunny, pero lo nombro igual por si justo se lo saltaron: 2017, el joven del aura era Gianluca al sacar "Siempre triste", un tema que le da la razón a la respuesta de Pablo a Alex Gárgolas. Era un tema bien solitario hecho en la pieza de Gianluca, pequeñito que se hacía grande al menos en Chile, y que tenía la originalidad de hablar de una tristeza que no era por amor sino porque sí, porque la vida es triste, por una depresión nada circunstancial sino más bien intrínseca.

También estaba el trap callejero —"Voy a poner a to'os los niños de la pobla a cantar"— de Pablo Chill-E y aquí salgo de la simplificación porque creo que es un artista completo en varios sentidos. Canta sucio y amoroso. Canta calle, canta político/con crítica social y canta el triste trap. Hay una canción que debiera ser más reconocida —lo dice él mismo—, y precisamente canta calle, política y tristeza. "Aburrido" fue parte de la *playlist* de la caña que dejó el estallido social y la impaciencia pandémica, y es cantado junto a Quilapayún e Inti-Illimani Histórico.

Hago zoom a distintas partes de la letra:

> Aburrí'o de ver tantos muertos y vivos,
> de tener pena y no tener motivos.

Y:

> Aburrido del canto del pueblo unido,
> ya hubiera vencido si por mi hubiera sido.

Totalidad y originalidad, y aquí sí seré categórica: sin haber escuchado todas las canciones de fronteo de este mundo, diré que Pablo Chill-E (*ft.* Duki) tiene la mejor en su disco *El Duende Verde.*

Parte con la frase "Hasta el canuto de mi pobla tiene más calle que tú"[14], la mejor del género fronteo que he escuchado, y luego la crítica social en formato de palabras esdrújulas que —ya he insistido unas ochocientas veces en este libro pero me repito— es el más alto para un tema:

> Mi esfuerzo es mínimo.
> Mi abuelito trabajando toda la vida
> y su pensión no es ni el mínimo.
> eso es paupérrimo.

14. Transparento algo que supongo que no es novedoso, pero por si mis enemigos imaginarios piensan que me creo no sé qué, no me creo ese no sé qué. Ya sé ya: yo no tengo calle.

Los chilenos y las chilenas —me siento partiendo un discurso así— deben conocer el programa *LaJunta*, que entrevista a cantantes urbanos de aquí y de afuera: el último hasta el cierre de este libro fue De la Ghetto (ELLA ES LA SENSACIÓN DEL BLOOOQUE).

*LaJunta* tiene su origen en Pablo.

Diego Sarmiento, uno de sus creadores, estaba harto de trabajar en matinales y empezó a trazar ideas con otros compañeros igual de hartos. Uno de ellos le mostró el video de un tema de Pablo, "Flyte", y entonces se pusieron a pensar en toda una maquinaria para poder entrevistarlo. Ya sabemos el final: fue el primer capítulo y toda la maquinaria fue creciendo hasta transformarse en un lugar al que todos los urbanos quieren ir y que ya es una especie de medio de comunicación independiente digital que genera y da cuenta de las noticias del Género.

El mismo año de inicio de *LaJunta,* Pablo y Duki colaboraron con Bad Bunny en *YHLQMDLG.* Todo partió porque Pablo había colaborado antes con otro trapero-reggaetonero de Puerto Rico, Mora, que producía uno de los temas del disco de BB. Él le dio la noticia: BB lo quería en el tema "Hablamos mañana", y en dos días ya estaba grabando el video en Estados Unidos. Ahí, instala una palabra chilena en la frase: "Chao le dije a lo gile", tal vez la primera frase del Género que sacó Chile *realmente* hacia afuera.

Entonces llegó la mierda. No por la colaboración, sino por algo que les ha pasado a varios artistas de Chile y otros países: un contrato lo amarraba y no podía sacar canciones propias, solo colaboraciones y dar conciertos. En ese silencio estuvo dos años. Y fue un silencio bien elocuente, perdón si la frase es común. Por un lado, lo llenó de una rabia que le dio el tono al disco de retorno, *El Duende Verde*: Pablo ha dicho que es tremendo rencoroso. Por otro, dio origen a una sospecha que hizo que realzara aún más la confianza radical en su familia, poniendo a su mamá —Elizabeth, nombre que tiene tatuado en el pecho— como mánager. Y acá un paréntesis: su mamá lo crio escuchando reggaetón.

Por último, ese silencio de dos años hizo que mostrara su tipo de presencia.

Todos hemos observado esto que ya he dicho: el Género va muy rápido, salen temas cada viernes, no alcanzamos a encariñarnos con una canción cuando ya aparece otra, y eso hace que los fans se vuelvan despiadados: si no sacas temas a toda velocidad, ya fuiste. Hay pocos a los que se respeta aunque estén en silencio. Se me ocurre Rosalía, C. Tangana y un par más entre los que se cuenta Pablo. En parte por todo lo que he dicho y en parte por algo que dice Diego Sarmiento: Pablo es lo que fue Jorge González en su tiempo. Sé que quienes no comulgan con el Género se van a horrorizar con la comparación. Intuyo que quienes no comulgan no están leyendo esto, así que da lo mismo, pero por si acaso preciso: Jorge González actuaba como si nada le importara más que su propia música, siempre alejándose de cualquier intento de clasificación, cantando al amor, al sexo y la política a su manera. Y en el caso de Pablo Chill-E, teniendo la Coordinadora Social Shishigang, que ayuda a las poblaciones con comida, plata, materiales o construcciones.

Pido perdón si la comparación con González suena algo anacrónica o demasiado extraña para el Género (soy una mujer ya mayor). Pero el mismo Pablo dice que admira a Jorge González y creo que Diego dice algo certero: tal vez a alguien le gustaban Los Tres más que Los Prisioneros. Tal vez alguien veneraba a Álvaro Henríquez más que a Jorge González. Pero Jorge González era Jorge González y había abierto un espacio que no existía. Eso mismo ha sido Pablo, que solo tiene veinticuatro años y luego de *El Duende Verde* —un disco de trap estricto— dijo que iba a sacar un disco de reggaetón y que la iba a romper y ganar plata; y qué tanto.

Eso hizo.

*Los gángster también lloran* tiene temas muy pegados, como "Gitana" o "Bastardo", en el que participa su reggaetonero favorito, Ñengo Flow; y es tremendo disco.

Vuelvo a Jorge González. No podría decir que Pablo me gusta más que Jorge ni que Jorge me gusta más que Pablo —son flores distintas, ji—, pero sí podría decir que en sus últimas entrevistas Pablo parece estar menos en guardia constante, más ligero que lo que estuvo Jorge González en su vida pública. Tampoco podría decir si esto es mejor o peor, pero sí da origen a algo que encanta. En una entrevista cuenta que la única vez que casi se muere fue cuando se atoró con esos hilos que tiene el apio (pero lo sigue comiendo igual). En otra entrevista cuenta que estaba en un *after* en Colombia cuando a un amigo le pareció buena idea regalarle un perro ahí mismo. Y con ese regalo volvió a Chile.

Todo en este libro es inabarcable y Pablo también lo es. Aunque a ratos temo a las peleas silenciosas o ni tan silenciosas que puedan dar quienes están leyendo, me gustaría que cada cual pudiera ir completando a Pablo. Aunque no quiero engañarme tanto. O más o menos sí, desbordando en el optimismo de pensar que hayan llegado a esta página y al menos tener la oportunidad de que peleen en vez de un tristísimo silencio. Estas últimas frases me ponen supersticiosa o moderada: expresar un deseo tal vez espanta a la suerte o expresar un deseo tal vez es solo eso: expresar un deseo. Como sea, esto constituye mi deporte favorito: pelear con un enemigo hipotético. Es decir, pelear sola.

*

Sé que parece que hubiera terminado pero tengo algo más. Ese algo más es lo que antecedió a Pablo Chill-E. Así como el reggaetón puertorriqueño puede nombrar distintos orígenes —El General, Vico C o Tego Calderón—, el reggaetón chileno tiene los suyos. Me atrevo a establecer uno, contado por Patrick Pacheco, que puso la música de la "era pokemona" con su dúo Zk & Crac

Mc, al que si no recuerdan por nombre tal vez recuerden por el tema "PONCEAAA DALE PONCEAAA", en altísimas mayúsculas.

Como esto es nuestra historia del reggaetón, voy a dar algo de contexto por si alguien joven —de esos mismos que al parecer no perrean hasta abajo— está leyendo esto.

A principios de los dos mil, Chile tenía un récord bien particular: ser el segundo país —luego de Brasil— con más fotologs en Latinoamérica. También éramos el país que más escuchaba reggaetón. Y eso, más una estética y ética animé, daba como resultado la existencia de los pokemones (a quienes ya describí en el capítulo de Japón, pero reitero): damas y varones jóvenes que fiesteaban temprano porque muchas veces eran menores de edad, contaban su existencia y tenían fama (o no) mediante Fotolog, encontraban su virtud en comerse a todo el mundo en las fiestas, no eran heterosexuales estrictos y tenían como banda de vida al reggaetón.

Bien sabrán —espero— que a comerse a gente se le decía "poncear". Por eso el tema "Poncea" de Zk & Crac se volvió un himno generacional que identificaba tanto como su "Trece trece", la forma de nombrar al coqueteo previo al acto sublime y terrenal de "poncear".

En esos días había un panorama pero no existía industria. Estaba Croni-K —que años después iba a tocar en el cierre de la campaña de Kast—, los Reggaeton Boys, Zaja y Mazhiel; y todos ganaban plata gracias a sus eventos discotequeros pero no la plata que ven los reggaetoneros de hoy.

Por eso tampoco la plata era algo que tuviera mucha presencia en las letras de las canciones. Hoy, en cambio, estas letras y modo de vivir sí existen. Me gusta algo que dice Lizz Love —de quien ya voy a hablar más— sobre lo de mostrar lo que se tiene: "Es una forma de decir "lo logré, salí adelante".

Por mientras también corría el hiphop, no olvidar y aunque este libro no va de eso, quisiera que subrayaran el nombre Ceaese, que va aparecer más adelante.

Doy un salto necesario al "Neoperreo", que trascendía Chile a la vez que era protagonizado por él y sabía darle una vuelta a un género tapizado en hombres. Su ícono era Tomasa del Real, una chiquilla de Iquique, que lo fundó junto a Lizz Love. El inicio tuvo algo conmovedor. Lizz Love estaba en la miseria emocional: su pololo se había muerto de cáncer y para aliviarse se la pasaba en drogas. Esos días Tomasa del Real apareció en una fiesta en la que estaba Lizz, y la adoptó como solo una amiga puede. En noches de terror, le hacía cariño a Lizz en el pelo y le rezaba a algún dios para que se le quitara el pánico.

El neoperreo no es reggaetón-reggaetón. Decir eso, explica Tomasa en una entrevista, sería apropiación cultural. Pero si en algo están unidos, es en que hay perreo. Sin conocer todavía los límites que pone Tomasa, yo pensaba que era una especie de reggaetón *indie* en el que las mujeres se mostraban amas y deseantes: "No tengo pasaporte, viajamo' a cualquier hora, yo soy tu señora", canta en "Tu señora".

Pero ella dice que esto tampoco tiene que ver con ser hombre o ser mujer: "Cuando empecé a hacer música no fue porque naciera de mi sexo o de mis tetas, ha nacido desde mi personalidad".

Hace tres párrafos pedí que subrayaran el nombre de Ceaese para llegar a este momento. Por un lado corría el "Neoperreo" y por otro el hiphop. Ceaese no era protagonista del Género, pero lo integraba hasta volcarse al trap viniendo desde el hiphop. Desconozco si fue el primero-primero en Chile, pero sí fue de los primeros y tiene al menos quince años más que el resto de los protagonistas de la-ahora-sí-que-sí-industria.

Hay un meme que dice "Hola bebé, acaso te llamas Koko Stambuk xk siento que no te valoran como corresponde". Algo así pasa con Ceaese. O pasó hasta que sacó su disco *Utopía*, en el crucial 2018, donde había dos temas que me interesan porque abren otra línea trapera-reggaetonera que no era de calle ni existencial. Amor —el inusual buen amor— en "Dámelo", junto a DrefQuila, otro importante del Género que además tenía fama previa por las batallas de gallos. El segundo tema es "Te quiero ver" (HAAACE UN TIEMPO QUE TE QUIERO VER, DIME Y EN BENJI ME DEJARÉ CAER), que irradia deseo y verano, además de juntar a parte del *dream team* de entonces: Polimá y Young Cister.

*

Ese mismo 2018, aparecieron Princesa Alba y Paloma Mami.

Princesa en modo trap que luego transformó en pop.

Paloma, en una revolución que quizás fue fugaz pero asentó algo fundamental: la confianza de Chile en Chile. "Not Steady", "No te enamores" y "Fingías" sonaban mundiales, era invitada a programas gringos, colaboraba con C. Tangana; todo mientras cantábamos o gritábamos "No te enamores de mí, tu corazón puedo partir", aunque nadie se enamorara de una.

Recuerdo bien esto: en Lollapalooza le asignaron un escenario demasiado chico para la avidez que teníamos, y todo se desbordó. El año de ese Lollapalooza, 2019, las cosas se desbordaron de otro modo y la suerte de Paloma cambió. Tal vez lo estoy viendo mal o recordando pésimo, pero voy: llegó el estallido social y los artistas comenzaron a ser divididos entre los que se pronunciaban y los que no. Paloma dijo algo tibio en *stories* y llegó la indignación o, en el mejor de los casos, la decepción. Dos años después vino el disco "Sueños de Dalí", que tuvo números pero no el impacto de esas primeras tres canciones. Perdió el aura, no dejaré de manosear el concepto, pero sigue siendo de las chilenas más escuchadas, y al menos yo (creo, supongo, no sé) no pierdo la esperanza de que vuelva a pegar.

*

El 2020 llegó la pandemia y las voces nuevas. Como todo caduca rápido, Marcianeke ya parece del pasado; pero entonces fue el más presente de todos dando un viraje total del trap al reggaetón con "Dímelo má". Luego todo explotó. Una explosión de las buenas. Polimá junto a Pailita —un chico nuevo— hacían "Ultrasolo", que, tal como Paloma Mami en su momento, produjo que Chile confiara en Chile. El símbolo de esa confianza fue Dua Lipa, cuando vimos en Instagram una fiesta en la que bailaba el tema junto a Aron Piper. Mygal, uno de los productores de Dua que también produjo "Cu4tro" del mismo Polimá, Aron y Chill-E, fue quien la puso en esa fiesta y un ratito antes en el auto en el que iba Dua; y tal vez contarlo no sea tan relevante pero no puedo evitarlo porque lo escuché de él mismo.

Mygal es español, pero también hay productores chilenos. Podría nombrar a varios, pero los libros hay que terminarlos, así que nombraré a dos: Distóbal —que este año se transformó en el primer chileno en formar parte de Neon16[15], la productora de Tainy— y Taiko, que ha producido a Karol G, Kidd Voodoo, J Balvin o Pablito Chill-E. Y Pablo, en una cuña más audaz que la cita de Foster Wallace que puse antes, dice que hay gente sin talento absolutamente salvada por los productores.

*

El año que siguió fue el de "Una noche en Medellín", de Cris MJ. Este año llegó el máximo hit chileno, "Gata Only", y no hace falta decir mucho más de Cris MJ porque ya todos sabemos que es el más *pegado* en este momento, acaso el futuro Bad Bunny dicen algunos. No quiero ponerme predictiva sino que hacer la

15. Distóbal me cuenta que al entrar a Neon16 fue probado tal como Luny probó a Tainy: haciendo una pista en vivo (y más encima para un cantante que estaba ahí mismo).

pregunta que sobrevuela este libro y que me movió a escribirlo: ¿Por qué Chile es tan reggaetonero?

Lizz Love ejemplifica con su propia historia.

Por mucho tiempo insistió en la música triste —Elliot Smith a la cabeza— pero con la llegada del reggaetón y su perreo empezó a conectar con otros, a coquetear, a sentirse linda. Algo así pasó con Chile. "Es un salvavidas de la tristeza. Una esperanza para nuestra identidad", dice, refiriéndose a lo que vino luego de la dictadura.

Los creadores de *LaJunta* tienen teorías apuradas pero nada descartables: somos muy curaos/estábamos aburridos de la cumbia.

Asiento a todo y agrego: hace un ratito hablé de lo restrictivo del baile Axé y, por ende, de lo aburridos que estábamos los sin talento de él. También hablé de que Chile era el segundo país con más perfiles de Fotolog en en Latinoamérica. Esto no responde solo a que seamos delirantes, sino a que teníamos la mayor penetración de internet en Latinoamérica. Años después esto va a tener importancia. Hacer reggaetón requiere un programa con el que se hagan las bases y la voz del artista. Es decir, puro internet. Y si Chile es el país pionero en la penetración de internet, cómo no nos iba a ayudar a tener la nueva oleada de reggaetón y de lo urbano. Cómo no vamos a estar en un momento explosivo (que vino forjándose de a poquito) ante el cual no nos queda nada más que asentir y decir amén.

# XV
# PELEANDO SOLA (Y AHORA SÍ QUE ÚLTIMAS PALABRAS)

Se puede adivinar: me inquieta cerrar este libro.

Me inquieta el futuro, eso que irá cambiando del Género cuando ya esté en imprenta y entonces me den ganas de ir a rescatarme para agregar lo que sea necesario. Pienso en los discos venideros de Chencho Corleone, Rauw Alejandro, J Balvin o si acaso en serio Cali será el nuevo Medellín.

Agregar párrafo entre "el nuevo Medellín" y "Me inquieta todavía más el pasado". Dicho párrafo dice así: Aunque actualmente profeso la fe en Rauw Alejandro, me inquieta particularmente el disco de Balvin por tres motivos. El primero es que los adelantos muestran que dejó de hacer esos *punchi punchi* para los gringos y pareciera estar devolviéndonos su esencia reggaetonera. El segundo es que ante el silencio del Conejo Malo, tal vez Balvin recupera lo que perdió hace años. El tercero es bien personal: cada día me preocupa un poco haber sido demasiado dura en su capítulo considerando lo que Vibras hizo por mí ese 2017. Por otro lado, tal vez fui dura por ese mismo amor.

Y aún más que Balvin, me inquieta el pasado así que voy confesándome: era necesario editarme, pero no sé si acerté al no escribir mucho de Vico C, al no pasar por Ñengo Flow ni De la Ghetto, al casi no tocar a quien quizás sea el personaje de este año —Alvarito Díaz—, al no hablar más de República

Dominicana, al no desplegar más de Chile, sobre todo de Cris MJ, al pasar poquito por Argentina o al no entrar en el nuevo reggaetón mexicano. Tampoco supe bien dónde poner a Arcángel, y eso que es de mis favoritos, o si tal vez debí darle a la tiradera de Cosculluela y Tempo.

Con esto quiero que sepan que sé que no supe, aunque nunca sepa todo lo que no sé.

*

Por último, dejo de pelear sola para decir que hoy, al cierre de este libro, me entero de que Don Omar tiene cáncer. Sobre esto, tengo un pensamiento ferviente y concreto: que se recupere. Que se recupere pronto.

# AGRADECIMIENTOS

A mi editor Juan Manuel, porque no solo ha hecho de editor, sino también de sicólogo.

A Giorgio, por hacer que conociera a gente increíble, por sus sugerencias, por sus ganas de leer (aunque yo se lo prohibiera) y por su amor.

A Mile, a quien sí dejé que me leyera y me dio un empujoncito de confianza.

A Vicente, por traspasarme su sabiduría reggaetonera (juro que nadie sabe más que él) y por hacer que me fascinara por Julio Voltio.

A Fernanda, por mostrarme que Rauw Alejandro es LA VERDAD.

A Paulina, por recordarme las citas más bellas de Young Miko.

A Erin, por ser mi asesor *otaku*.

A cada uno de los entrevistados y entrevistadas de este libro, muy especialmente a a Jorge Iván y a Tito, que me mostraron un mundo completo.

Y a todas las reggaetoneras y reggaetoneros que nombré en el libro, porque gracias a ellas y ellos mi vida es muchísimo más feliz.